Piense como un Millonario

10 PRINCIPIOS QUE LOS MILLONARIOS CONOCEN Y EL RESTO DE LAS PERSONAS IGNORA

Piense como un Millonario

10 PRINCIPIOS QUE LOS MILLONARIOS CONOCEN Y EL RESTO DE LAS PERSONAS IGNORA

Dr. Camilo Cruz y Brian Tracy

Piense como un Millonario

Taller del Éxito Inc.
1669 N.W. 144 Terrace, Suite 210
Sunrise, Florida 33323
Estados Unidos

Editorial dedicada a la difusión de libros y audiolibros de desarrollo personal, crecimiento personal, liderazgo y motivación.

ISBN: 1-931059-73-X

Printed in Colombia

Cuarta edición, 2007
Segunda reimpresión, Septiembre 2008

Lo curioso acerca de la vida
es que si decides aceptar
tan solo lo mejor
generalmente lo obtienes.

—SOMMERSET MAUGHAM

INTRODUCCIÓN

$\mathcal{D}$urante los últimos cien años se ha dado un crecimiento sin precedentes en el número de personas que lograron amasar grandes fortunas en el transcurso de una sola generación. Más sorprendente aún es que la gran mayoría empezó con escasos recursos, equipada únicamente con su propio esfuerzo y un profundo deseo de triunfar.

Numerosos estudios e investigaciones han querido descubrir qué distingue a este selecto grupo de individuos de las demás personas. Sin embargo, a pesar de haber buscado tendencias o características comunes entre ellos, se encontraron, por el contrario, grandes diferencias en las circunstancias que les permitieron crear sus fortunas. De igual manera, ha resultado imposible predecir el éxito financiero de cualquier persona basado en parámetros como la edad, el sexo, la condición social, el nivel de educación formal, los orígenes familiares o las condiciones económicas predominantes.

Las historias de éxito que estudiamos y compartimos en este libro son tan diversas como las circunstancias y características personales de sus protagonistas. Hay quienes empezaron a construir su fortuna desde muy temprana edad, y quienes lo hicieron en una edad en la cual la mayoría de las personas están considerando pensionarse. Algunos de estos hombres y mujeres ostentaban diversos títulos universitarios, mientras que otros empezaron sin el beneficio de una educación formal. Muchos –aunque no todos— lograron amasar sus fortunas creando sus propias empresas. Algunas de estas fortunas florecieron cuando el medio de transporte era el caballo; otras nacieron con la Revolución Industrial y otras más prosperaron en la era del ciberespacio.

Cuando decidimos embarcarnos en la búsqueda de un factor común en la creación de todas estas fortunas, nos formulamos ciertos interrogantes básicos acerca de este grupo de individuos, con la esperanza de conocer un poco más acerca de su manera de pensar, sus valores y los principios que gobiernan sus vidas. Estas preguntas nos permitieron descubrir cómo este grupo de individuos logró alcanzar la libertad financiera que todos anhelamos. Preguntas como:

— ¿Cuál es su visión del mundo?

— ¿Cómo estructuraron su futuro financiero, sus metas, sueños y aspiraciones?

— ¿Qué sabe ese pequeño porcentaje de personas que los demás desconocen?

— ¿Son acaso más inteligentes o trabajan más duro?

— ¿Ha sido su éxito el resultado de circunstancias específicas?

— ¿Tuvieron la suerte de heredar grandes fortunas?

— ¿Necesitaron desarrollar su propio negocio?

— ¿Fue su éxito el resultado de un golpe de suerte que se dio como resultado de estar en el sitio preciso en el momento justo?

Las respuestas a estos interrogantes nos permitieron descubrir diez principios fundamentales para la generación de riqueza que todos estos millonarios conocen y aplican, y que el resto de las personas parece ignorar. Aplicar estos principios nos ayudará a obtener resultados similares, mientras que ignorarlos seguramente nos condenará a vivir una vida de escasez y pobreza.

Si alguna vez usted se ha formulado estas mismas preguntas, o si desea descubrir qué caracteriza a ese pequeño porcentaje de personas que ha logrado materializar sus metas más ambiciosas, estamos totalmente convencidos de que lo que está a punto de leer puede cambiar su vida. Las ideas, pensamientos y estrategias plasmados en esta obra son criterios comunes a muchos hombres y mujeres que partieron desde distintos puntos y circunstancias económicas, profesionales y personales y que lograron alcanzar el éxito financiero.

Los principios en sí son sencillos, efectivos y relativamente fáciles de aplicar. Curiosamente, estos principios, que son del dominio de casi todos los millonarios entrevistados y estudiados para este libro, parecen ser ignorados por la mayoría de las personas que confiesa querer la libertad económica. Estos preceptos han sido probados una y otra vez, y surten efecto de ser aplicados correctamente. Por eso estamos seguros que también tendrán efecto cuando usted los ponga en práctica.

Las ideas que nos impulsaron a escribir este libro fueron dos: la primera es la certeza absoluta de saber que estamos viviendo en el mejor momento económico de la historia. En los últimos años, las personas que han creado fortunas empezando de cero supera las de todas las épocas de la historia. Solamente en Estados Unidos, la cantidad de millonarios que hay, ha alcanzado la asombrosa cifra de cinco millones. En promedio, un nuevo millonario surge cada cuatro minutos. El número de individuos con fortunas superiores a los cien millones de dólares y hasta los mil millones, crece entre un 15% y un 20% cada año.

A finales de 2004, más de cincuenta empresas en Estados Unidos que se encuentran en manos de empresarios hispanos, habían sobrepasado los cien millones de dólares en ingresos anuales. Tres de ellas reportaron ingresos de más de mil millones de dólares anuales. Así que como pueden ver, este enriquecimiento ha estado al alcance de todos por igual.

Pero este fenómeno no se limita únicamente a los Estados Unidos. En la última década se han creado enormes fortunas en los países asiáticos, en los del antiguo bloque socialista y en algunas economías latinoamericanas, como lo prueban varias de las historias de éxito a las que nos referiremos. Es más, de acuerdo con la revista "Forbes", veinticinco empresarios latinoamericanos forman parte de la lista de las quinientas personas más ricas del mundo.

La segunda idea que nos motivó a escribir este libro fue una premisa que, aunque sencilla, es determinante para el éxito financiero. Desde el punto de vista económico, no todas las personas han nacido en igualdad de condiciones. Muchas nacen en medio de la pobreza, unas pocas nacen en el seno de familias poseedoras de inmensas fortunas, mientras que la inmensa mayoría nace en algún punto intermedio.

No obstante, hay dos aspectos comunes a todos. Primero, a ninguno se le dio la oportunidad de escoger nacer pobre, rico o promedio. Segundo, lo que todos nosotros sí estamos en absoluta libertad de ele-

gir es si deseamos vivir una vida de pobreza, una
vida de riqueza, o una vida promedio. Está en nuestras manos escoger la clase de vida que deseamos
vivir.

Aunque los diversos aspectos que determinan o
influyen en nuestra habilidad para crear solvencia económica, generar mayores ingresos y acumular riqueza, pueden llenar centenares de libros, lo cierto es
que todos ellos se basan en nuestra habilidad para
dominar diez principios sobre los cuales se funda-
menta la creación de la abundancia financiera.

Antes de preocuparnos sobre cómo proteger o invertir nuestro dinero, decidir si empezamos un negocio propio o resolver qué estrategias utilizar para reducir el monto de nuestros impuestos, necesitamos
dominar estos principios que, como descubrirán, tienen que ver con nuestra comprensión de lo que es
poseer una mentalidad de abundancia y, en general,
con nuestra actitud hacia el dinero.

Lo que queremos hacer mediante este libro es ayudarle a reprogramar el subconsciente con principios
de éxito que le permitan observar los conceptos de
abundancia y riqueza en su verdadera esencia.

Nuestro objetivo es que usted logre adoptar hábitos y actitudes que impacten positivamente sus finanzas y le permitan vivir la clase de vida que siempre

soñó; que le den la oportunidad de disfrutar todo aquello que muchas veces, erróneamente, creía que era el privilegio de un grupo selecto de personas.

La buena noticia es que a pesar de lo que muchos piensen, la mayoría de quienes lograron crear enormes fortunas partieron de cero. El 99% de todos aquellos que son exitosos financieramente, empezaron sin dinero, no son descendientes de los Rockefeller, ni heredaron enormes fortunas, sino que lograron crear su riqueza por ellos mismos, empezando solamente con su deseo de triunfar.

Muchos lo lograron creando sus propias empresas. La inmensa mayoría no poseía dotes fuera de lo común. El 20% de ellos ni siquiera asistió a la universidad y menos del 1% logró su fortuna como estrella de cine, superdeportista, o en cualquier otra de las actividades que sitúa a la gente en la mira del constante escrutinio público.

Algunos de ellos partieron de la bancarrota. Es más, el millonario que ha amasado su propia fortuna ha estado en bancarrota, o cerca de ella, un promedio de tres o cuatro veces. Muchos experimentaron caídas una y otra vez, antes de encontrar la oportunidad adecuada para lograr el éxito financiero. Su triunfo ha sido el resultado de no darse por vencidos y persistir hasta alcanzar las metas y los objetivos propuestos.

La mejor noticia es que las mismas ideas y preceptos que les ayudaron a ellos convertirse en millonarios, le permitirán a usted obtener el mismo resultado. ¿Por qué aseveramos esto con tal firmeza?

La ley de hierro del destino humano, que es la ley de causa y efecto, sostiene que hay un efecto específico para cada causa. Para cada acción hay una reacción. Esta ley afirma que el éxito no es un accidente y que las personas triunfan porque así lo quieren. El éxito financiero no es más que el resultado de llevar a cabo ciertas acciones específicas una y otra vez, hasta obtener el efecto deseado.

La naturaleza es neutral. Ni ésta ni el mercado discriminan a nadie. Al mercado no le interesa quién es usted. Le es indiferente si es hombre o mujer, si ha nacido en medio de la pobreza o en el seno de una familia poseedora de una enorme riqueza, si ha asistido a la universidad o no. No son la suerte ni la coincidencia las que crean una gran fortuna. Cuando aprende y aplica los mismos secretos del éxito que le ha permitido a un grupo selecto de personas crear su propia fortuna, experimentará resultados financieros más allá de lo que ha logrado hasta ahora.

La mayoría de los millonarios son personas comunes y corrientes, con una educación promedio, que vive en vecindarios normales. Ellos simplemente descubrieron lo que hacen las personas exitosas e hicieron lo mismo una y otra vez hasta obtener los mismos resultados. No ha sido un milagro ni un accidente. Tampoco fue un golpe de suerte o la partida que les ha jugado la vida; fue simplemente el fruto de la acción.

Cada uno de los secretos que analizaremos en el libro es indispensable para lograr la independencia económica. La ausencia de cualquiera de estos criterios puede minar nuestro éxito financiero. Es importante aclarar que al referirnos a estos principios como secretos, no significa que de alguna manera estén ocultos al resto de los seres humanos. Lo cierto es que son simples normas que siempre han estado al alcance de cualquier persona. Usted puede aprender cada uno de estos principios, practicándolos hasta que se conviertan en hábitos.

Para hacerlos parte de su naturaleza, debe repetirlos una y otra vez, hasta que se vuelvan tan naturales como respirar, como actos mecánicos que surgen de su subconsciente. Tal como ha aprendido a montar en bicicleta o a manejar automóvil, también puede aprender los secretos del éxito financiero, tomando como ejemplo los comportamientos de los millonarios mencionados en este libro. No hay límites en los logros que pueda obtener, excepto aquellos que usted mismo se imponga.

Este libro no sólo le ayudará a erradicar el viejo paradigma que la libertad financiera está reservada para unos pocos, sino que abrirá su mente a toda una serie de nuevas oportunidades que le permitirán vivir una vida de abundancia y prosperidad.

—Brian Tracy y Camilo Cruz

PRIMER SECRETO:
Desarrolle una mentalidad de riqueza

*Los triunfadores son aquellos
que adquieren el hábito de hacer
las cosas que a los perdedores
les incomoda hacer.*

—ED FOREMAN

$\mathcal{U}$na de las mayores diferencias entre los millonarios y las personas promedio gira en torno a su manera de pensar. La inmensa mayoría de los millonarios que hemos podido estudiar, se dieron a la tarea de desarrollar una mentalidad de riqueza en sus vidas.

El concepto de la mentalidad millonaria: un camino directo al éxito

J. Paul Getty, el magnate del petróleo, quien en su época llegó a ser el hombre más rico del mundo, estaba convencido de que para triunfar financieramente era necesario desarrollar lo que él llamaba una "mentalidad millonaria".

Getty aseveraba que existían cuatro tipos de personas:

Primero están aquellas que trabajan mejor cuando lo hacen por entero para sí mismas en su propia empresa. Después, las que, por diversas razones, no desean lanzarse a los negocios por su cuenta, pero buscan ocupar puestos prominentes en sus empresas, obtienen los mejores resultados y participan en los beneficios de las mismas. En la tercera categoría se encuentran quienes sólo aspiran a ser empleados asalariados, son reacios a correr riesgos y se conforman con la seguridad de un salario. Finalmente, hallamos aquellos que no están motivados por ninguna necesidad ni deseo de surgir y se conforman con lo que tienen.

De acuerdo con Getty —y ésta es la base del primer secreto— hay una manera de pensar que ofrece a ciertas personas mejores opciones de triunfar que a otras y es la mentalidad millonaria que suele encontrarse entre las personas de la primera y segunda categoría. Muy rara vez se encuentra entre los individuos de la tercera categoría y es totalmente inexistente entre las personas de la cuarta.

Más importante aún, es comprender que todas las persona tienen la opción de decidir en qué categoría desean encontrarse.

La lección es sencilla: Todos tenemos la opción de elegir cuál será nuestro destino, y éste siempre será moldeado por nuestra manera de pensar. Si queremos triunfar financieramente, la libertad financiera debe dejar de ser algo que sería bueno poder alcanzar, para pasar a convertirse en algo que tiene que ocurrir en nuestra vida.

Si la idea de lograr la libertad financiera no es una prioridad en su vida, su mente no va a estar alerta a todo aquello que le pueda ayudar a alcanzarla. Si de antemano no ha programado su mente con la firme decisión de vivir una vida de abundancia ¿cómo espera que su mente sea su aliada en esta aventura?

Si usted programa su mente con principios de éxito, ella se encargará de mostrarle el camino hacia la riqueza. Lo mantendrá alerta, agudizando todos sus sentidos para que logre captar con mayor facilidad toda información sensorial proveniente del medio ambiente que pueda estar relacionada con su éxito. Por ejemplo, cuando usted esté consciente del ahorro y de la manera en la que gasta su dinero, estará alerta a la forma en que éste fluye en su vida y podrá manejarlo mejor.

Si utiliza afirmaciones positivas respecto al nivel de abundancia que desea experimentar en su vida; si se concentra en metas específicas sobre la calidad y estilo de vida que desea experimentar, refiriéndose a ellas como si ya fuesen una realidad, estará agudizando su sensibilidad hacia oportunidades que de otra manera podrían pasar inadvertidas.

¿Se ha dado cuenta, por ejemplo, que los millonarios parecen percibir las oportunidades antes de que éstas sean evidentes a las demás personas? Rara vez se les escapa una de ellas, debido a que poseen una mentalidad de riqueza. Usted puede hacer lo mismo. Todo comienza con una descripción clara y precisa de aquellas áreas de su vida en las que desea experimentar abundancia, siendo lo suficientemente específico en cuanto al nivel de riqueza que desea crear en su vida.

¿Cuánto dinero desea ganar? ¿Quiere crear su propia empresa? ¿Qué clase de empresa? ¿Cuándo? ¿Qué piensa dar a cambio? ¿Cómo va a beneficiar la creación de esta riqueza la relación con su familia, con sus hijos o con las demás personas?

En otras palabras, la libertad económica no puede limitarse simplemente a decir "quiero tener mucho dinero". Usted tiene que crear una imagen mental clara de su vida en un estado constante de abundancia. Piense como pensaría una persona para quien la libertad financiera es ya una realidad. Camine como caminaría una persona que goza de abundancia en su vida. Exprésese como si ya poseyera toda la riqueza que quiere crear en todas las áreas de su vida.

Su libertad financiera no puede ser simplemente una idea vaga en la mente. Tampoco es suficiente pensar: "Mi estabilidad financiera es importante" o "Claro que a mí me interesa poder proveer lo mejor para mi familia". ¡No! Estas expresiones vagas no producen resultados.

Todos empezamos nuestra vida queriendo disfrutar de todo aquello que la libertad financiera puede proporcionarnos. Por esta razón trabajamos arduamente durante la mayor parte de nuestra vida. Sin embargo, si siguiéramos a un grupo de personas a todo lo largo de su vida laboral hasta los 65 años de edad, que es cuando la persona promedio se pensiona o se retira de su trabajo, supuestamente a cosechar el fruto de sus 20 ó 30 años de trabajo continuo, encontramos que únicamente el 5% logra retirarse o pensionarse habiendo logrado el éxito financiero.

Independientemente del país en que resida o de la clase de gobierno que esté experimentando, desde el más represivo hasta el que ofrezca las mejores oportunidades de triunfar, encontraríamos que aproximadamente el 36% de estas personas muere antes de los 65 años.

El 54% se retira a vivir de una pensión, de la ayuda de su familia o muchas veces de la caridad de otras personas. Lo más triste es que muchos de ellos se encuentran económicamente en peores circunstancias de las que se encontraban 20, ó 30 años antes. Son personas que trabajaron durante casi toda su vida, pero que por no haber desarrollado suficiente claridad respecto a su futuro financiero, nunca se detuvieron a determinar si su trabajo y sus actividades diarias les estaban conduciendo hacia la libertad financiera o hacia un callejón sin salida.

Ellos subieron por la que supuestamente era la escalera del éxito, sólo para descubrir que ésta se encontraba apoyada en la pared equivocada. Confundieron el estar ocupados, con el estar siendo productivos y pensaron que el secreto del éxito era simplemente el trabajo arduo y continuo.

Otro 5% de las personas a los 65 años aún continúa trabajando en contra de su voluntad o por diferentes razones, y lo hará hasta más allá de los 75 años de edad. Son abogados, médicos y otro tipo de profesionales que encuentran que su estilo de vida no les permite retirarse y vivir de una pensión y, literalmente, deben trabajar hasta que mueran. Muchos de ellos creyeron que la libertad económica era equivalente a altos ingresos. Nunca trabajaron en desarrollar un plan de ahorro e inversión a largo plazo y descubren demasiado tarde que son esclavos del mismo estilo de vida que tanto lucharon por alcanzar.

El 4% de las personas se retira a los 65 años habiendo alcanzado la estabilidad económica y solamente un 1% ha logrado alcanzar la libertad financiera que todos anhelamos conseguir.

Si analizamos estas estadísticas observamos que de este grupo de personas que supuestamente debía estar en posición de disfrutar de muchos de los beneficios por los cuales tan duramente trabajaron, sólo un 5% de ellos está en condiciones de hacerlo.

Todas las personas que comparten los secretos contenidos en este libro se encuentran dentro de este 5%. ¿Cuál es la diferencia entre ellos y el otro 95%? ¿Qué saben ellos que el resto de las personas ignora? Más importante aún, ¿qué debe hacer usted para asegurarse que será parte de ese 5%?

Cómo crear una mentalidad de abundancia

Algunos estudios aseguran que una de las mayores causas de miedo y ansiedad que aquejan a la persona promedio casi a diario es el temor sobre cómo pagar sus deudas y cubrir sus necesidades inmediatas y futuras.

Es importante entender que la libertad financiera viene cuando entendemos que ésta se relaciona más con nuestras creencias, sueños y valores que con la cantidad de dinero que podamos poseer en determinado momento. Muchos piensan que si ganaran el doble de su salario actual, todos sus problemas financieros se resolverían. No obstante, es común encontrar personas que ganan cientos de miles de dólares al año y que se encuentran tan mal financieramente, como aquellos que ganan doscientos dólares a la semana. El secreto está en saber administrar nuestro dinero, ya que si no sabemos cómo administrar 100 dólares, mucho menos sabremos cómo administrar 1.000.

El dinero es un tema que genera diversas emociones. La gran mayoría de las personas desea tener mucho dinero y afirma que necesita más del que gana actualmente. Algunas piensan erróneamente que el dinero solucionará todos sus problemas. Otras no logran triunfar financieramente porque asocian experiencias, actitudes y pensamientos negativos con el hecho de tener mucho dinero.

Tan sorprendente como pueda parecer, para muchos, los términos "mucho dinero", "ser millonario", "acumulación de riqueza" o "abundancia financiera", encierran una connotación negativa.

Ellos creen que si acumulan riquezas serán infelices, que nadie los querrá y que se volverán materialistas. Y estas ideas son las causantes de que vivan en un estado de pobreza y escasez constante. En otras palabras, la razón por la cual muchos sufren de escasez exteriormente, es porque son pobres interiormente.

Un gran número de personas, erróneamente, sitúa su espiritualidad y su bienestar financiero en polos opuestos. Han llegado a convencerse a sí mismas de que la riqueza financiera les cerrará las puertas a la riqueza espiritual. Paul Pilzer, autor del libro *Riqueza ilimitada,* afirma que Dios no sólo quiere que seamos ricos financieramente, sino que seamos ricos y tengamos abundancia en todas las áreas de nuestra vida; que seamos ricos en salud, conocimiento, espiritualidad y relaciones con las demás personas.

La *Biblia* está repleta de ideas sobre cómo crear abundancia en nuestras vidas, y contiene indicaciones específicas sobre cómo lograr la libertad financiera. Habla de la importancia de desarrollar una mentalidad de abundancia: "El que siembra escasamente, también cosechará escasamente y el que siembra generosamente, generosamente también cosechará" (2 Corintios 9:6).

También resalta la necesidad de elaborar un presupuesto de gastos: "Quien planifica con cuidado tiene abundancia, pero quien se apresura, acaba pasando necesidad" (Proverbios 21:5), y de lo útil que es el ahorro, "El hombre sensato ahorra, mas el hombre insensato todo lo disipa" (Proverbios 21:20-21).

De igual manera, recalca la importancia del aprendizaje: "Bienaventurado el hombre que halla la sabiduría y que obtiene la inteligencia, porque su ganancia es mejor que la ganancia de la plata, y sus frutos más que el oro fino" (Proverbios 3:13-14).

Aunque hemos incluido estas citas bíblicas, no pretendemos que este libro se convierta en una disertación religiosa sobre si el dinero es malo o bueno; lo que sí creemos es que es vital que tengamos en cuenta si las ideas que hemos asociado con tener dinero son ciertas o no. Es nuestra responsabilidad descubrirlo. Y si encontramos que algunas de esas ideas no son ciertas, es nuestra obligación reemplazarlas por

nuevas creencias que nos ayuden a crear más abundancia en nuestra vida.

Para lograr esto, póngase en la tarea de identificar
todos los beneficios que obtendrá y las formas en que
mejoraría su vida, si gozara de la libertad financiera
que seguramente anhela. Reprograme su mente subconsciente con las ideas, creencias y valores correc-
tos respecto al dinero. Muchas de estas ideas son las
que usted encontrará a todo lo largo de este libro.
Éste es uno de los pasos más importantes en su camino hacia el logro del éxito financiero.

Recuerde que no es la falta de buenos consejos,
oportunidades o dinero lo que impide que una gran
mayoría de las personas triunfe financieramente. Su
mayor obstáculo es no haber desarrollado una mentalidad de abundancia en su vida.

SEGUNDO SECRETO:
Acepte un 100% de la responsabilidad por su éxito

Nada puede resistirse
a la voluntad humana
capaz de poner en juego
hasta la propia existencia
con tal de perseguir
su propósito.

—BENJAMIN DISRAELI

$\mathcal{U}$na de las cualidades más comunes entre los millonarios es que ellos han aprendido a aceptar la responsabilidad por su éxito. Pocas personas han sido mejor ejemplo de esta cualidad que Ray Kroc, quien fundara la cadena de restaurantes McDonald's, la franquicia de comida rápida más exitosa del mundo.

Ray tenía la absoluta convicción de que todos y cada uno de nosotros es responsable por su éxito. "Toda mi vida he tenido la plena convicción de que cada uno de nosotros construye su propia felicidad y es responsable por crear el futuro que desea. Si vamos por la vida pensando en pequeño, ¡siempre seremos pequeños! Para ser grandes, hay que pensar en grande".

Esta idea fue una constante a lo largo de toda su vida. Desde su adolescencia, cada trabajo que empezó, lo hizo armado de un gran entusiasmo, una profunda visión y una total decisión de ser el mejor. Cuando hemos aceptado un cien por ciento de la responsabilidad por nuestro éxito es mucho más fácil tomar decisiones, así éstas parezcan difíciles en su momento.

Por ejemplo, después de haber trabajado en la compañía *Lily Tulip Cup* durante quince años y haberse convertido en el máximo vendedor de la empresa, Ray recibió la noticia de que su salario, al igual que el del resto de los empleados, sería reducido en un 10%. La compañía había tomado esta decisión debido a la difícil situación económica del país. No obstante, Ray no podía entender que su patrón pudiera tratar de manera tan arbitraria al mejor vendedor de la empresa.

"Yo formo parte de los que crean, ¡yo produzco dinero y no voy a permitir que me sitúe en la misma categoría que los demás!" fue su respuesta, tras la cual presentó su renuncia. Días más tarde, esta manera decidida de actuar que siempre lo caracterizó, lograría sus primeros frutos. Su patrón lo llamó nuevamente, ofreciéndole un arreglo más favorable.

Esta misma actitud decidida fue la que lo llevó a aceptar en 1936 una propuesta de Earl Prince, un ingeniero que acababa de crear una batidora de leche de seis puestos para preparar malteadas. Ray hipotecó su casa e invirtió sus ahorros de toda la vida para lograr ser el agente exclusivo para todo el país de este novedoso producto. Durante los siguientes diecisiete años recorrería todos los Estados Unidos, cargando una muestra que pesaba más de cincuenta libras. En esta empresa, una vez más, Ray cosechó grandes éxitos debido a su persistencia y a su ética de trabajo, ingredientes esenciales para triunfar financieramente.

Entre sus clientes se encontraban los hermanos McDonald's, quienes eran dueños de un pequeño restaurante en San Bernardino, California. Después de su primera visita al restaurante, su instinto le hizo olfatear un buen negocio. Ray decidió estacionar su automóvil frente al restaurante para observar la actividad que éste tenía. Más tarde, en su habitación del hotel, reflexionó sobre lo que había visto y escribió: "Yo veía ya, en mi mente, cientos de restaurantes McDonald's instalados en todos los rincones del país".

A la mañana siguiente, Ray ya había concebido su plan de acción. Iría a ver a los hermanos McDonald y les propondría abrir una cadena de restaurantes similares al de ellos en todo el país. A pesar de la falta de entusiasmo inicial que ellos mostraron, la actitud decidida de Ray terminó por convencerlos.

Ray Kroc regresaría a casa con un contrato que le daba los derechos para la explotación de los restaurantes McDonald's a través de todos los Estados Unidos. Recibiría 950 dólares por cada franquicia y un 1.4% de las ventas brutas.

Vale la pena anotar que para ese entonces Ray Kroc tenía 52 años de edad, era diabético, sufría de artritis, le habían extraído la vesícula y una parte de la glándula tiroides, pero aun así, estaba convencido de que la mejor parte de su vida estaba aun por venir. Por su parte, la mayoría de sus amigos no sólo creían que esta aventura era un gran riesgo, sino que era una locura, particularmente a su edad y con las dolencias que constantemente le aquejaban. "Las cosas que verdaderamente valen la pe-na realizar siempre traen consigo cierto riesgo. Por eso precisamente es que su logro nos trae orgullo y felicidad", solía responder él. En muy poco tiempo, Ray vería que su actitud y su capacidad de trabajo darían los mejores frutos.

En 1955, abrió el primer restaurante McDonald's en la ciudad de Chicago. Durante su primer día las ventas fueron de 366 dólares. Sin duda fue un buen día. En su segundo año de operaciones las ventas ya ascendían a más de doscientos mil dólares. El siguiente año Kroc ya había abierto once nuevos restaurantes.

Seis años más tarde, su visión le llevó a comprarle a los hermanos McDonald la totalidad de la empresa por la cifra de 2.7 millones de dólares. Una vez más su actitud decidida rendiría grandes frutos. Hoy, más de 30 000 restaurantes McDonald's operan en más de 119 países alrededor del mundo, sirviendo a más de 47 millones de clientes cada día.

Ray Kroc trabajó con el mismo entusiasmo hasta el fin de sus días en 1984. Durante su vida logró amasar una fortuna superior a los mil quinientos millones de dólares y contribuyó a un sinnúmero de causas de beneficencia. Su éxito es ciertamente un tributo al valor de una persona que siempre decidió aceptar un 100% de la responsabilidad por su éxito.

Acepte un 100% de la responsabilidad por su situación financiera

De igual manera que Ray Kroc lo hiciera con cada aspecto de su empresa, nosotros somos los únicos responsables por nuestra situación financiera. Los millonarios lo saben y aceptan esta responsabilidad sin cuestionamientos. Mientras tanto, la persona promedio suele encontrar distintas maneras de justificar su incapacidad para controlar sus finanzas.

Esta falta de responsabilidad se puede apreciar con facilidad escuchando la manera como muchas personas hablan de sus finanzas. Expresiones como "yo no entiendo a dónde se va el dinero", evidencian su incapacidad para mantener sus finanzas bajo control. Las personas que utilizan expresiones como ésta no se pueden explicar cómo es que su cheque del salario mensual se ha esfumado en sólo cuestión de días. Atónitos, se preguntan si fueron víctimas de un robo, si olvidaron cambiar su cheque y posiblemente se encuentre en el bolsillo de algún pantalón, o ¿qué fue lo que sucedió con el dinero que hace dos días tenían y hoy como por arte de magia se ha desvanecido?

¿Le ha sucedido que un lunes, por ejemplo, fue al banco a sacar dinero para los gastos de toda la semana, sólo para encontrarse sin un centavo dos o tres días más tarde? Y lo peor de todo es que, no importa qué tanto trate, le es imposible recordar exactamente cómo fue que lo gastó. No importa qué tan detalladamente examine las actividades de esos tres días, para ver cómo, dónde y cuándo gastó cada centavo, siempre termina sin poder dar cuenta de la mitad del dinero.

Para que tenga una idea de a dónde es que se va el dinero, tome unos minutos y realice cada una de las siguientes tareas: busque en su casa uno de esos periódicos que compró la semana pasada, y que a lo mejor no tuvo tiempo de leer, o una de esas revistas que le llegan por suscripción, por la que paga dos o tres dólares y que sólo tuvo la oportunidad de hojearla. Encuéntrela, rómpala y tírela a la basura. Fácil, ¿no es cierto?

Ahora, vaya al refrigerador y bote a la basura tres o cinco dólares de comida que seguramente se echó a perder esperando a que alguien se la comiera. Probablemente ya lo ha hecho alguna vez, a pesar que en su momento se sintió mal por tal desperdicio. Finalmente, busque un pantalón o una camisa que haya comprado durante el último año y que no haya utilizado más de una vez, y tírela a la basura. Quizás no le sea difícil hacer cualquiera de estas tres cosas. Es más, seguramente, ya las habrá hecho más de una vez en su vida.

Ahora, tome un billete de un dólar rómpalo en pedacitos y tírelo a la basura. No es tan fácil, ¿cierto? Es difícil encontrar a alguien que pueda hacer esto, sin experimentar cierta incomodidad al hacerlo. De repente caemos en cuenta que lo que estamos arrojando a la basura es dinero. A pesar de que al tirar la revista que no leyó, o la comida que se estropeó o al regalar la camisa que nunca utilizó, estaba también despilfarrando su dinero, y mucho más dinero que un dólar. Pero estas cosas no le parecían tan reales como el hecho de tener que romper un billete de un dólar.

Lo cierto es que su dinero no se va a ningún lado al que usted no lo haya enviado personalmente y a propósito. Es muy importante que tenga esto en cuenta ya que no entenderlo genera todo tipo de problemas financieros.

Los efectos devastadores de los malos hábitos financieros

Uno de los mayores problemas financieros que enfrenta la persona promedio tiene que ver con la gran pesadilla, que para muchos representan las tarjetas de crédito. El hecho de gastar dinero plástico, como se les conoce, no parece tan real como gastar dinero en efectivo, a pesar de que su valor es el mismo, o más alto, dependiendo de los intereses que deba pagar. El mal uso del dinero plástico es muy común y es el responsable, por lo menos en parte, de que la persona promedio gaste un 150% de sus entradas y después se encuentre en el callejón sin salida de las deudas sin fin.

¿Cómo sucede? Es simple, gastar 280 dólares en algo que quizás no necesita tanto como usted piensa, y pagar con una tarjeta de crédito, es mucho más fácil que pagar por ello en efectivo. Después de todo, no le está entregando al vendedor dos billetes de cien dólares y cuatro de veinte, lo cual, indudablemente, haría este gasto mucho más real.

Si tuviera que hacer esto, examinaría más de cerca si realmente necesita lo que va a comprar, si cuenta con el dinero para efectuar dicha compra, si cabe dentro de su presupuesto y va de acuerdo con las metas financieras que se ha trazado. Sin embargo, usted simplemente está entregando un pedazo de plástico. No tuvo que, físicamente, sacar este dinero y dárselo a un extraño para comprar algo que no estaba absolutamente seguro si necesitaba o no.

Pagar con la tarjeta de crédito, nos da la sensación de que aún estamos en control, que la decisión todavía no es definitiva y aún podemos cambiar de parecer si así lo deseamos. Aunque, a decir verdad, esto en muy pocas ocasiones sucede.

De acuerdo con Debtscape, organización sin ánimo de lucro que ofrece consultoría a personas que enfrentan problemas de deudas excesivas, en Estados Unidos solamente, la deuda por concepto de tarjetas de crédito ha sobrepasado los $800 mil millones de dólares. Ésta es una de las formas que ilustra de manera definitiva cómo su futuro financiero depende enteramente de usted. El mundo ofrece las mismas oportunidades a todas las personas, pero no obliga a nadie a aprovecharlas.

Hace algún tiempo, un artículo anotaba cómo en Estados Unidos la población con un patrimonio superior al millón de dólares había superado los cinco millones de personas. Curiosamente, otro artículo apuntaba que en este mismo país, con las mismas leyes y las mismas oportunidades, durante ese mismo año, más de un millón de estadounidenses se habían declarado en quiebra. Lo que esto demuestra es que el éxito o el fracaso financiero no son el resultado de circunstancias generales sino de decisiones individuales.

Muchas personas podrían argüir que la dificultad para lograr el éxito financiero en ciertos países o regiones del mundo, se encuentra en los enormes problemas que enfrentan dichas economías. Y aunque ciertamente la inflación, la devaluación de las monedas locales y las altas tasas de desempleo, produjeron grandes crisis en los últimos años, cabe anotar que bajo estas mismas circunstancias, cientos de miles de personas y empresas se las ingeniaron para crear grandes fortunas. Personas comunes y corrientes que decidieron darle un vuelco total a su vida porque simplemente estaban cansadas de vivir endeudadas, cansadas de ganar apenas lo suficiente para sobrevivir y se rehusaron a continuar viviendo de cheque en cheque y de mes a mes.

Refiriéndose a este tipo de personas, J. Paul Getty afirmaba: "Pese a que aproximadamente un 80% de las riquezas del mundo se encuentra en manos de un 20% de las personas, si juntásemos todas esas riquezas y las repartiésemos de manera igual entre cada uno de los habitantes del planeta, en cinco años tales riquezas estarían en las manos del mismo 20% inicial".

Getty sabía que mientras algunas personas desarrollan hábitos de éxito y poseen una mentalidad de abundancia que les permite crear y aprovechar oportunidades, otras han adquirido hábitos que les mantienen quebrados financieramente. Ellos poseen una mentalidad de pobreza y escasez, capaz de disipar la más grande de las fortunas. De hecho, se ha sabido de personas que heredaron enormes fortunas o se ganaron la lotería, sólo para encontrarse nuevamente en la pobreza, años más tarde.

La buena noticia es que todos nosotros podemos tomar la decisión de pertenecer a ese 20% más productivo. De esto es precisamente de lo que trata este segundo secreto. El éxito deja huellas. Todos podemos ver qué han hecho otras personas para crear sus fortunas y seguir su ejemplo.

Por ejemplo, dos tercios de los millonarios han construido su fortuna creando su propia empresa. Además, contrariamente a lo que podamos pensar, ellos no necesariamente viven en ostentosas mansiones, pero sí en buenos vecindarios. Tampoco conducen lujosos automóviles, utilizan relojes de 30 mil dólares o pasan la mayor parte del año en vacaciones. Y no lo hacen por dos razones: primero, porque la mayoría, son ahorradores y optan por vivir un estilo de vida que les provea la calidad de vida que desean sin caer en el derroche y el desperdicio. Segundo, porque ellos creen que la independencia financiera es mucho más importante que desplegar un alto estatus social.

Quienes se preocupan más por el estatus social y por desplegar la mayor cantidad de señales que den cuenta de sus posesiones materiales terminan adquiriendo deudas enormes, tienen pocas inversiones y nunca logran la solidez financiera. Ellos no comprenden que es mucho más fácil comprar cosas que puedan crear la ilusión de abundancia, que ser financieramente libres.

Si cree tener este problema, la siguiente definición de la palabra estatus posiblemente lo haga reflexionar un poco. "Estatus es comprar cosas que no nece-

sitamos, con dinero que no tenemos, para impresio-
nar a gente de la cual no gustamos".

No pierda su tiempo considerando la posibili-
dad de fracasar

El miedo a fracasar es el obstáculo más grande en el
camino al éxito. Note que no es el fracaso en sí mismo. Las caídas y los fracasos pueden hacerlo a usted
más fuerte, más resistente y más decidido. Es el miedo al fracaso, o la anticipación del fracaso, lo que
puede paralizar sus pensamientos y sus actividades,
y detenerlo para hacer lo que necesita para ser una
persona de éxito.

Alguna vez un joven periodista le preguntó a
Thomas J. Watson, el fundador de IBM, cómo podía
ser más exitoso en el menor tiempo. Watson le respondió con estas maravillosas palabras: "Si usted
quiere ser exitoso más rápido, debe doblar su velocidad de fracaso, ya que el éxito se encuentra después
del fracaso."

Atrévase a ir hacia adelante. Los millonarios no
son apostadores, pero siempre están dispuestos a asumir riesgos calculados en la dirección de sus metas
para lograr mejores recompensas. De hecho, su actitud para aceptar riesgos, es probablemente, el indi-
cador más importante de su disponibilidad para convertirse en una persona acaudalada.

Cuando usted se enfrente a una situación arriesgada, pregúntese ¿qué es lo peor que podría suceder si sigo adelante? Luego debe hacer como J. Paul Getty sugirió: "Después de identificar qué es lo peor que le puede pasar, póngase a trabajar para que no le ocurra."

El hecho es que todo el mundo le tiene miedo al fracaso, a perder y a ser pobre. Todo el mundo tiene miedo a cometer un error y a tener que retroceder. Pero los multimillonarios son aquellos que consciente y deliberadamente enfrentan estos miedos y actúan, de todos modos. Ralph Waldo Emerson escribió: "Desarrolle el hábito durante su vida de hacer las cosas que le dan miedo. Si usted hace aquello a lo que teme, seguramente su miedo morirá".

Cuando usted actúa con coraje, fuerzas invisibles vienen a ayudarlo. Cada acto de valor aumenta su coraje y su capacidad para tomar decisiones. Cuando usted se mueve hacia adelante, sin tener garantías de éxito, sus temores disminuyen y su coraje y autoestima aumentan. Eventualmente, usted llega al punto donde no le tiene miedo a nada.

Esto no quiere decir que nos volvamos ciegos ante la posibilidad de que podamos experimentar una caída. No obstante, es importante tener presente las palabras de Napoleon Hill, en el sentido de que todo problema trae consigo la semilla de un beneficio aún mayor. Es definitivo poder vislumbrar las oportunidades en medio de una crisis. La confianza en sus propias habilidades le permitirá enfrentar con optimismo y esperanza cualquier adversidad.

R. C. Macy fracasó siete veces antes de que su tienda MACY'S triunfara en Nueva York. Sin embargo, cuando se encontraba en la ruina económica, su mayor motivación era su visión de cómo florecerían su tienda y su vida, una vez se encontrara en la cumbre.

Muchas personas ensayan y crean sus propios fracasos al malgastar una gran cantidad de tiempo anticipando lo peor. Las personas de éxito aceptan los riesgos que generalmente acompañan la búsqueda del éxito.

En la película Apolo 13, una de las mejores frases vino de Eugene Krantz, el jefe de control espacial de la NASA. Cuando todos estaban empezando a resignarse a la posibilidad de perder la nave espacial y los astronautas, él los hizo reaccionar a todos anunciándoles con una voz fuerte que: "¡Fracasar no es una opción!"

Desarrolle usted también esta actitud. Su misión es convertirse por sus propios medios en millonario; es ponerse metas específicas, escribirlas, y trabajar en ellas cada día, recordándose, inclusive mientras esté enfrentando los peores problemas y las mayores dificultades que se le puedan presentar, que "fracasar no es una opción." Ésta actitud, más que cualquier otra, le garantizará el éxito a largo plazo.

Tercer Secreto:
Atrévase a soñar grandes sueños

"Muéstrame un obrero con grandes sueños, y en él encontrarás un hombre que puede cambiar la historia. Muéstrame un hombre sin sueños, y en él hallarás a un simple obrero".

—J.C. Penney

*I*magínese a dos obreros que se encuentran trabajando frente a una iglesia en construcción. Ellos están zarandeando arena. En caso de que no entienda qué es zarandear arena, o que seguramente lo conozca por otro nombre, "zarandear arena" es simplemente cernir o colar la arena para separarla de la piedra, y dejar así, sólo la arena fina antes de mezclarla con el cemento.

Ahora imagínese preguntándole a uno de ellos qué está haciendo, y con voz pesarosa él responde: "Aquí, zarandeando arena todo el día; de ocho de la mañana a cinco de la tarde zarandeo arena; cinco días a la semana me dedico a la misma tarea de zarandear arena. Ya llevo seis meses en esto, día tras día, zarandeando arena".

Ahora imagínese preguntándole al otro obrero, que a propósito, se encuentra realizando exactamente la misma tarea: ¿y usted, qué está haciendo? Y él responde: "Soy parte de un equipo que está construyendo una catedral grande y hermosa". ¡Que diferencia!

¿Dónde cree usted que radica la diferencia entre estas dos personas? Podríamos decir que en su actitud, en su forma de pensar y en su manera de ver el mundo. No obstante, la mayor diferencia está en que uno de ellos sabe por qué está haciendo lo que está haciendo. Uno de ellos tiene una visión clara de su meta, de su objetivo, del porqué de su trabajo, mientras que el otro no.

Ellos pueden estar realizando la misma tarea, pero su actitud, su trabajo, su estado de ánimo no está determinado por la labor que están ejecutando, sino por la claridad con que perciben cuál es la meta que pretenden alcanzar. Es muy difícil mantener un alto grado de motivación en nuestro trabajo, si no sabemos por qué lo estamos realizando.

Si alguna vez ha sentido que su vida personal, su trabajo o su vida familiar se han convertido simplemente en una zarandeadera de arena y ha perdido el entusiasmo por lo que hace, por su familia o por su trabajo, lo que puede estar sucediendo es que ha perdido la visión de la catedral que está construyendo. Y esa catedral son los sueños y metas que debería estar persiguiendo.

Si no tiene una visión clara de sus sueños, es obvio que sus actividades y tareas diarias le parecerán monótonas y sin sentido. Recuerde que son sus sueños, metas y aspiraciones personales, familiares y profesionales las que le ayudarán a determinar el mejor camino y el mejor vehículo para alcanzar la libertad financiera.

¡Sueñe grandes sueños!

Permítase soñar, imaginar y fantasear sobre lo que quisiera lograr, el estilo de vida que le gustaría vivir y la cantidad de dinero que desearía ganar.

Walt Disney poseía una filosofía aparentemente sencilla al respecto. Él afirmaba que para triunfar era necesario pensar en grande, soñar grandes sueños, creer en ellos y convertirlos en una magnífica obsesión. Finalmente era imperativo trabajar con empeño y perseverar hasta lograrlos.

Todos los hombres y mujeres, cuyos nombres evocan en nosotros la admiración por su espíritu emprendedor, saben la importancia de comenzar su camino con un gran sueño. Ellos comprenden que es imposible lograr un sueño o una meta que no se tiene. Hasta tanto usted no tenga objetivos claros, definidos y precisos, no logrará utilizar al máximo su potencial.

Disponga de unos momentos en completa calma e imagínese que no está limitado en cuanto a lo que puede ser, tener o hacer en su vida. Sólo por un momento, imagínese que tiene todo el tiempo, el dinero, la educación, la experiencia, los amigos, los contactos, los recursos y todo lo que necesita para lograr lo que quiere en la vida. Si su potencial fuese absolutamente ilimitado, ¿qué tipo de vida le gustaría forjar para usted y su familia?

Existe una poderosa técnica practicada por muchos hombres y mujeres de éxito, que tiene un efecto extraordinario en su actitud y su comportamiento. Esta técnica se conoce como "volver al futuro". Proyéctese a usted mismo cinco años hacia el futuro. Imagínese que ha transcurrido todo ese tiempo y que su vida es perfecta en todos los aspectos. ¿Qué tal se ve físicamente? ¿Qué está haciendo con su vida? ¿Dónde está trabajando? ¿Cuánto dinero está ganando? ¿Cuánto dinero tiene en el banco? ¿Qué tipo de vida lleva?

Construya la visión del futuro que desea ver a largo plazo. Mientras más clara sea su visión más rápido llegará a ella. Cuando crea una imagen mental clara del punto hacia el cual se dirige en su vida, se transforma en una persona más positiva, motivada y decidida a lograr que dicho objetivo se convierta en realidad. Poseer una visión clara de sus metas, libera su creatividad natural y su mente ingenia y desarrolla ideas, estrategias y tácticas para que todo ello sea realidad.

Usted siempre tiende a moverse en la dirección de sus sueños, imágenes y visiones dominantes. El simple hecho de permitirse soñar en grande mejora su autoestima, lo ayuda a quererse y a respetarse cada vez más. Esta claridad en sus propósitos cambia la imagen que usted tiene de sí mismo y aumenta su nivel de confianza. Los sueños y visiones lo estimulan a ser mejor, inclusive en aquellas cosas en las que hasta ahora puede no haber sobresalido.

Hay una gran pregunta que se debe hacer y responder una y otra vez: "¿Qué me atrevería a soñar si supiera que no puedo fallar?" Si le garantizaran el éxito absoluto en cualquier cosa en la vida, grande o pequeña, a corto o largo plazo ¿qué pensaría y qué prioridades tendría?

Sea lo que sea, escríbalo y empiece a imaginar que ya ha logrado este gran objetivo. Después, mire detalladamente dónde está hoy en día y formúlese las siguientes preguntas:

— ¿Qué debo hacer para llegar a donde quiero?
— ¿Qué pasos debo dar?
— ¿Qué debo cambiar en mi manera de actuar y vivir?
— ¿Qué hábitos debo adquirir?
— ¿De qué tipo de personas debo rodearme?
— ¿Con quién debo evitar asociarme?

Responda estas preguntas y cambie todo aquello que sabe que debe modificar. Para vencer el miedo a cambiar, presente en la mayoría de los seres humanos, piense en los efectos positivos que traerán dichos cambios. Repítalos una y otra vez para tenerlos claros y anticipar sus beneficios.

Los triunfadores son visionarios que se atreven a soñar grandes sueños. Ellos saben que si la mente es capaz de concebirlos, entonces es posible realizarlos. Su éxito, muchas veces ha radicado en tomar aquellas ideas que otros descartaron por considerarlas imposibles, y trabajar en ellas hasta hacerlas realidad.

Pocas historias ilustran este punto tan claramente como la invención del motor en "V" a manos de uno de los visionarios y soñadores más exitosos del siglo pasado: Henry Ford.

Ford concibió una clase de motor totalmente novedosa y revolucionaria para la época. Trazó un plan para la construcción de dicho motor y luego encargó a su grupo de ingenieros el diseño del motor en "V" que había visualizado.

Después de analizar los bosquejos, todos los diseñadores llegaron a la misma conclusión, era obvio que su jefe simplemente no conocía mucho acerca de los principios fundamentales de ingeniería. Uno a uno, decidieron dejarle saber de manera sutil acerca de la imposibilidad de construir dicho motor y trataron de hacerlo desistir de una idea que ellos consideraban absurda. No obstante, una y otra vez Ford los envió de vuelta a sus mesas de trabajo diciéndoles: "Entiendo que este diseño parece imposible de construir, pero necesito que ustedes me lo construyan de todas maneras, sin importar cuanto tiempo necesiten para lograrlo".

Durante seis meses, los ingenieros trabajaron en diferentes variaciones de los diseños sin ningún resultado. Después de un año de trabajo continuo, Ford examinó el progreso de su equipo de ingenieros y una vez más, ellos le dieron suficientes pruebas sobre la imposibilidad de desarrollar dicho proyecto. Aún así, los envió de vuelta a los talleres de diseño diciéndoles, "Señores, ustedes no parecen entender que el motor en "V" sí existe y ustedes me lo van a construir o tendré que encontrar otro equipo que pueda hacerlo." Al expresarse así, Ford quiso dejar claro que si él había concebido mentalmente el motor en "V", éste también podría existir en la realidad.

El resto es historia. Finalmente el motor en "V" fue construido, tal como este gran visionario lo había concebido. "Todo es posible. La fe es la sustancia de aquello que esperamos y la garantía de que podremos realizarlo." Es con esta fórmula profundamente optimista que Henry Ford concluye su autobiografía. Su obra es prueba irrefutable de que para una persona entusiasmada y poseedora de una fe inquebrantable, ¡todo es posible!

Refiriéndose a la invención del motor en "V", uno de los biógrafos de Ford decía: "Es evidente que a pesar de que Henry Ford y su grupo de ingenieros vivían bajo el mismo cielo, ellos no veían el mismo horizonte." Pero, ¿cómo es posible que dos personas se puedan encontrar en el mismo lugar, al mismo tiempo, frente a las mismas circunstancias y las dos vean cosas totalmente distintas? Es sencillo, nosotros sólo vemos lo que estamos preparados para ver, no necesariamente lo que es.

Es claro que hoy, dos personas pueden vivir en el mismo país, o en la misma ciudad, o inclusive en la misma casa, y una de ellas puede tener una visión de un mundo difícil y con pocas oportunidades, mientras que la otra ve un mundo de oportunidades ilimitadas. Lo más probable es que sus experiencias de vida sean simplemente el reflejo de sus propias convicciones.

Soñar en grande es el punto de partida para alcanzar su independencia económica. La razón principal por la cual la gente no es exitosa financieramente es porque nunca se le ha ocurrido que lo puede lograr. Como resultado de ello, gasta todo lo que gana y termina convirtiéndose en una víctima de su poca visión.

Visualice sus objetivos y desarrolle un sentido claro de dirección

Uno de los más importantes principios del éxito es que usted se convierte en lo que piensa la mayoría del tiempo. Hace algún tiempo, durante una de sus conferencias, Zig Ziglar, dijo: "Nunca conseguirá alcanzar aquello que quiera, sólo logrará alcanzar aquello que pueda visualizar claramente".

Al observar a las personas que lograron grandes sueños es posible ver que todas tienen algo en común: utilizando el poder de la visualización crearon una imagen clara de su meta como si ya fuese realidad.

Walt Disney fue capaz de realizar todos los proyectos que concebía debido a su capacidad para visualizarlos ya terminados cuando apenas eran una idea en su mente. La idea de Disneylandia se le ocurrió mientras paseaba con sus hijas Sharon y Diana por el parque. Imaginó un gigantesco parque de diversiones donde los niños y sus padres pudiesen disfrutar juntos, y donde estuvieran todos los personajes de sus dibujos animados. El día en que decidió poner en marcha su proyecto, nada ni nadie pudo detenerlo.

Se cuenta que cuando se encontraba buscando un banquero o un inversionista que financiara la construcción de su parque de diversiones, solía llevar a la persona al sitio que él había escogido para construirlo en las afueras de Los Angeles, California, y desde una colina cercana los invitaba a compartir dicha visión. "La entrada al parque quedará de aquel lado y ahí comenzará la calle central que termina en aquel hermoso castillo, ¿lo puede ver?" Y así describía cada una de las atracciones y juegos con tal claridad como si las estuviese viendo, mientras los potenciales inversionistas, desconcertados, trataban de imaginar lo que Disney veía allí, en medio de aquel terreno baldío.

Durante la ceremonia de inauguración de Epcot Center en la ciudad de Orlando, Florida, cinco años después de su muerte, un reportero se acercó a Roy Disney, hermano de Walt, quien por aquel entonces se encontraba al frente de la corporación, y le dijo: "Debe ser un momento difícil para usted; un día de gran alegría pero también de inmensa tristeza al ver que Walt nunca pudo ver culminado este parque, que era uno de sus grandes sueños". Roy se volvió al reportero y le dijo: "Joven, está usted totalmente equivocado. Walt vio culminado este sitio. Y fue precisamente gracias a que él lo vio culminado mucho antes de que se comenzara a construir, que hoy usted y yo lo estamos viendo".

Esta historia ilustra cómo las personas de éxito son conscientes de la importancia de crear una imagen clara de lo que desean alcanzar y de permitir que toda acción que emprendan esté guiada por esta visión. Cuando usted crea una imagen, una fotografía mental de lo que desea alcanzar, su mente se encargará de mostrarle el camino mediante el cual puede materializar dicho objetivo.

La Universidad de Yale, una de las mejores universidades de Estados Unidos, dio prueba irrefutable de la validez de este secreto, con un estudio que realizó en el año de 1953. Ellos descubrieron que, de todos los estudiantes que se graduaban aquel año, únicamente un 3% tenía metas fijas, objetivos claramente definidos y escritos en un papel, y las leían y examinaban con regularidad. Únicamente este pequeño número de estudiantes había tomado el tiempo necesario para darle dirección a su vida y escribir aquello que era realmente importante para ellos.

Veinte años más tarde, la universidad hizo un seguimiento a este mismo grupo de profesionales y descubrió que el 3% que había escrito sus metas y definido claramente un plan de acción, había alcanzado cien veces más que el otro 97%

Estos resultados hablan por sí solos: necesitamos tener metas fijas y objetivos claros antes de empezar. La gente exitosa piensa en sus objetivos la mayoría del tiempo. Como resultado de ello, están moviéndose continuamente hacia sus objetivos, y éstos se mueven hacia ellos. Cualquier cosa que piense la mayoría del tiempo, crece y se aumenta en su vida. Piense en sus objetivos, hable de ellos, visualícelos y logrará mucho más que la persona promedio que generalmente está pensando y hablando constantemente sobre sus preocupaciones cotidianas, sus problemas y sus carencias.

Tome un papel y escriba la palabra "Objetivos" en la parte superior, con la fecha de hoy. Después, haga una lista de diez objetivos que le gustaría alcanzar en los próximos doce meses. Escríbalos como si ya hubiese transcurrido un año y ya los hubiese logrado.

Comience cada objetivo con la palabra "Yo", para que sea personal. Al hacer una lista con sus diez objetivos para el próximo año, usted pertenecerá al 3% de los adultos de nuestra sociedad que ha tomado el tiempo para realizar este simple ejercicio. Esta sola acción lo separará del 97% de los adultos restantes quienes, tristemente, nunca han escrito una lista de objetivos en su vida.

Una vez que tenga la lista con sus diez objetivos, revísela y hágase esta pregunta: ¿Cuál objetivo en esta lista, si lo pudiera lograr, tendría mayor impacto positivo en mi vida?

Sea cual sea la respuesta a esa pregunta, haga un círculo alrededor de ese objetivo, y póngalo como el más importante, como el número uno en su vida. Asígnele una fecha límite, haga un plan, asegúrese de hacer algo cada día que lo acerque a lograr ese objetivo.

Una de las razones por las cuales la mayoría de las personas no toma el tiempo para desarrollar esta lista es el miedo. Éste es el gran inhibidor. Las personas tienen miedo de entregarse al logro de metas específicas debido a la posibilidad de fracasar. Muchos, ni siquiera escriben sus objetivos en papel para evitar comprometerse. De esta manera, si no logran sus metas, nadie lo sabrá, ni siquiera ellos mismos.

Es indudable que al fijar una meta, estamos arriesgándonos a enfrentar la posibilidad de no alcanzarla. No obstante, al no hacerlo, no estamos eliminando dicha opción, sino que, por el contrario, la estamos haciendo realidad, ya que una manera de garantizar que no alcanzará su meta es no teniéndola.

Cuarto secreto:
Dedíquese a hacer lo que verdaderamente quiere y ama hacer

Cualquier cosa que pueda hacer,
o que sueñe que puede, comiéncela.
La osadía tiene en sí, genio,
poder y magia.

—Goethe

$\mathcal{E}$ste es uno de los grandes secretos del éxito financiero. Una de sus responsabilidades más importantes en la vida es encontrar lo que en realidad le gusta hacer, descubrir y desarrollar sus talentos naturales, y entregarse con todo el corazón a realizar dichas actividades de la mejor manera posible.

Varios estudios revelan que para un 87% de los profesionales su trabajo no es un reto, ni una motivación. Sin embargo, los mismos estudios muestran que una gran mayoría de estas personas no hace nada para cambiar dicha situación porque no cree contar con ninguna otra opción, así que se han resignado a su suerte.

Los millonarios han descubierto que uno de los secretos más importantes para alcanzar su éxito ha sido descubrir qué es lo que verdaderamente aman hacer y rehusarse a hacer algo distinto. Ellos identifican un área donde se requieran sus habilidades y fortalezas naturales. Por lo general aseguran que "no trabajaron ni un sólo día en su vida porque lo que hacían era más una diversión que un trabajo."

Así que encuentre un campo donde se pueda sentir totalmente absorto, un trabajo o un área profesional que le entusiasme y que sea una expresión natural de sus talentos y habilidades únicas. Cuando usted está haciendo lo que le fascina, parece que tuviera un flujo continuo de emoción, energía e ideas que le permiten hacerlo cada vez mejor.

¿Si mañana se ganara un millón de dólares, continuaría haciendo lo que está haciendo ahora? Ésta es una gran pregunta. ¿Qué haría si tuviera todo el tiempo y el dinero que necesita y pudiera escoger cualquier trabajo? La gran mayoría de los millonarios asegura que así doblaran su fortuna seguiría haciendo lo que hace, sólo que lo haría en una forma diferente, o a otro nivel. No obstante, es evidente que ellos aman tanto su trabajo que no se les ocurriría abandonarlo.

Probablemente la responsabilidad más grande de la vida adulta, cuando uno está rodeado por tantas opciones diferentes de trabajo y recreación, es encontrar qué es lo que verdaderamente le gusta hacer y dedicarse a ese campo. Nadie más que usted, puede tomar esta decisión.

Dedíquese a servirle a sus clientes

Tan extraño como le pueda parecer a muchos de ustedes, lo cierto es que los millonarios han aprendido que sus ganancias en la vida siempre irán en proporción directa a su nivel de servicio a otras personas. Todos los millonarios que construyeron las más grandes fortunas con sus empresas, tienen una obsesión por el servicio al cliente. Piensan en ellos todo el día. Constantemente están buscando nuevas y mejores formas para servirles mejor que nadie.

Hágase siempre estas preguntas: ¿Qué es lo que mis clientes quieren? ¿Qué es lo que verdaderamente necesitan? ¿Qué consideran como algo de valor? ¿Qué les puedo dar a mis clientes mejor que nadie? ¿Qué compran a otras personas hoy y qué les puedo ofrecer para que me compren mis productos?

El éxito en la vida siempre irá en proporción directa con lo que haga después de hacer lo que se espera de usted. Busque siempre las oportunidades para hacer más de lo que le pagan por hacer. Vaya siempre más allá en el servicio que presta a sus clientes. La manera más efectiva de crear fidelidad y lealtad en ellos, es ofreciéndoles siempre el mejor producto o servicio y la mejor atención posible.

En sus seminarios, Zig Ziglar nos recuerda frecuentemente que todos podemos alcanzar cualquier cosa que anhelemos, si sólo ayudamos a otras personas a alcanzar lo que ellos desean. Lo cierto es que muchas de las grandes fortunas fueron construidas por personas que tuvieron la visión para identificar cómo servir a los demás.

Ellos descubrieron productos o servicios que otros podían necesitar; se pusieron en la tarea de crearlos y descubrieron que al ayudar a otros a solucionar sus necesidades, podían crear grandes fortunas. Un gran ejemplo de esta filosofía de éxito es la historia de Goya, una de las compañías hispanas más importantes de Estados Unidos.

Esta empresa fue fundada en 1936 por Prudencio y Carolina Unanue. Él era un inmigrante español y ella puertorriqueña. Su historia es representativa de todas aquellas historias de éxito de inmigrantes que, al llegar a Estados Unidos, vieron la oportunidad de construir un negocio que respondiera a las necesidades de un creciente sector del mercado.

En 1902, Prudencio Unanue había emigrado a Puerto Rico proveniente de la región vasca de España y en 1916 se radicó en Nueva York. Al no encontrar las comidas típicas de su tierra, como sardinas, aceitunas y aceite de oliva, y sabiendo que muchos como él seguramente las añoraban, Prudencio comenzó a importarlas de su país. En 1921, viendo una gran oportunidad, decidió dedicarse a suplir las necesidades de las tiendas y pequeños supermercados que atendían a la creciente población hispana de la ciudad.

Ayudando a otros a satisfacer sus necesidades, este inmigrante hispano construyó una historia de éxito que ha trascendido tres generaciones de Unanues. Casi setenta años después, Goya se ha convertido en el principal proveedor de arroces, granos, condimentos, jugos y otras comidas latinas en Estados Unidos. Sus ventas sobrepasan los 750 millones de dólares al año; cuenta con más de 1 000 productos diferentes; y emplea a más de 2 500 personas en Estados Unidos, el Caribe y Europa.

A pesar del crecimiento que ha experimentado desde 1936, la misión de la empresa sigue siendo la misma: proveer alimentos y bebidas de alta calidad que satisfagan y excedan las necesidades de sus consumidores. Este compromiso ha convertido a su compañía en una de las empresas hispanas más importantes del país y a la familia Unanue en una de las más ricas, con una fortuna que sobrepasa los 500 millones de dólares.

He aquí la pregunta que se debe hacer y responder cada día, independientemente de que tenga un negocio propio o se encuentre empleado: ¿Qué puedo hacer para incrementar el valor del servicio que presto a mi empresa o a mis clientes hoy en día? Busque formas para añadirle valor a lo que hace y a la gente que depende de usted. Una pequeña mejora en la forma como atiende a sus clientes puede ser el comienzo de su éxito financiero. Nunca deje de buscar pequeñas oportunidades para servir a los demás.

Libere su creatividad innata

He aquí más buenas noticias: usted es un genio en potencia; es más inteligente de lo que se imagina y tiene más poder cerebral y habilidad creativa de la que alguna vez ha usado.

Su cerebro tiene cien billones de células, cada una de ellas conectada hasta con otras veinte mil células por una red compleja de neuronas. Esto significa que su destreza para desarrollar habilidades que le puedan mostrar cómo salir adelante y conseguir el éxito es ilimitada.

Todos nosotros contamos con una fuente de creatividad usualmente inexplorada. Su creatividad es estimulada por tres aspectos: las metas que desea intensamente, los problemas que lo presionan y las preguntas enfocadas hacia algo específico. Entre más concentre su mente en alcanzar sus metas, resolver los problemas o responder las preguntas de su negocio y su vida personal, más inteligente se volverá y logrará que ella trabaje más rápido para usted.

Es importante entender que la liberación de nuestra creatividad y potencial innato no sucede de la noche a la mañana. El éxito es simplemente el resultado de la dedicación y el esfuerzo continuos.

La Universidad de Chicago realizó hace varios años un estudio llamado Proyecto Talento, para examinar cuidadosamente las carreras de aquellos escultores, pianistas, científicos, médicos y tenistas considerados como personas brillantes.

En el caso de veinticuatro pianistas de fama mundial, por ejemplo, se encontró que el período de tiempo promedio transcurrido entre la primera lección y el primer premio o reconocimiento internacional, era de aproximadamente diecisiete años. Los científicos generalmente toman aún más tiempo. Aquellos tenistas que logran grandes éxitos en su adolescencia, generalmente han practicado disciplinada y rigurosamente desde los tres o cuatro años de edad.

Los investigadores encargados de realizar este estudio concluyeron que las dotes naturales no eran suficientes para lograr tan altos triunfos, a menos que éstas estuviesen acompañadas por un largo proceso de educación, práctica, motivación y sobre todo, disciplina. Así es que liberamos nuestro verdadero potencial.

Recuerde: su cerebro y su creatividad son cómo un músculo. Entre más lo utilice, más fuerte se vuelve. Usted puede aumentar su inteligencia y su cociente intelectual al disciplinarse a sí mismo para pensar creativamente durante todo el día.

Algunas de las historias de éxito más famosas han sido el resultado de una mente creativa e ingeniosa.

Por ejemplo, una vez que Henry Ford había creado su automóvil, el siguiente paso era dejarle saber al
mundo de su existencia. Le hacía falta la publicidad
que le permitiera hacer conocer sus vehículos al gran
público. En esa época muchos constructores de las
novedosas "máquinas volantes" organizaban desa-
fíos y competencias donde el ganador disfrutaba de
gran publicidad.

Ford vio allí una excelente oportunidad para mostrarle al mundo la potencia de sus máquinas. En 1903,
preparó dos vehículos destinados especialmente para
una de estas competencias y los bautizó "999" y "Fle-
cha". La carrera se realizó. Ford salió vencedor, con
media milla de ventaja sobre su rival más próximo. El
público rápidamente se enteró que sus vehículos eran
los más rápidos.

Alentado por el éxito, se jugó el todo por el todo:
fundó la Sociedad de Automóviles Ford, de la cual era
vicepresidente, diseñador, jefe de mecánicos, jefe de
taller y director general. Su razonamiento era sencillo:
más vale moldear el hierro cuando está caliente. Su
victoria le había valido una importante publicidad; ese
era el momento de lanzarse con todo. Alquiló locales
mucho más grandes que su modesto taller y con la
ayuda de algunos obreros, se puso a trabajar.

Después de tan solo un año de operación, la Sociedad Ford vendió 1 708 vehículos, lo cual muestra

hasta qué punto él estaba en lo cierto al proponerse vender un auto destinado al gran público.

Ésta es una prueba de cómo al liberar nuestra creatividad pueden suceder grandes cosas. Cada vez que a usted se le ocurra una idea para mejorar alguna parte de su trabajo, para encontrar maneras nuevas, mejores, más rápidas, económicas o fáciles de lograr un resultado, usted estará funcionando al nivel más alto en su escala creativa.

QUINTO SECRETO:
Asígnele prioridades a sus actividades y concentre toda su atención en una cosa a la vez

El verdadero fanatismo consiste en redoblar nuestro esfuerzo una vez hemos olvidado lo que perseguimos.

—AMBROSE BIERCE

$\mathcal{S}$i tuviésemos que hacer una lista de todos aquellos empresarios cuyo éxito ha sido el fruto del trabajo tenaz, disciplinado y organizado, sin duda alguna, muy arriba en esta lista se encontraría el nombre de Roberto Goizueta. Este empresario de origen cubano, quien durante dieciséis años dirigió los destinos de la Coca-Cola, fue quizás el empresario hispano más rico e influyente de Estados Unidos. Cuando le preguntaron cuál era su mejor rasgo, Goizueta respondió "Soy muy tenaz".

Sus asociados en Coca-Cola le consideraban como un empleado con una enorme dedicación, un hábil administrador que cuando se iba, todas las tardes, dejaba su escritorio totalmente despejado. Él creía en la virtud de asignarle prioridades a sus actividades y en trabajar en una sola cosa a la vez, hasta completar los proyectos empezados, una virtud muy común entre las personas de éxito.

Ciertamente, fueron su tenacidad y su carácter los que le permitieron a Goizueta enderezar el rumbo de una compañía que se encontraba paralizada cuando él tomó el mando en 1981. Durante su tiempo como presidente, la Coca-Cola pasó de ser una empresa valorada en cuatro mil millones de dólares a valer más de 150 mil millones de dólares. Y Goizueta lo logró adoptando estrategias agresivas que incluyeron la introducción de la Coca-Cola sin cafeína, la *Diet Coke*, que ha sido un enorme éxito, y otras estrategias que ayudaron a cuadriplicar los ingresos de la Empresa.

Roberto había ingresado en la división cubana de Coca-Cola en 1954, y en 1961 se marchó con su esposa y tres hijos a Atlanta, la sede central de la marca. Su ascenso fue continuo, hasta alcanzar el puesto más alto. Cuando fue designado presidente, la sorpresa fue general, ya que él venía de la parte técnica y no tenía ninguna experiencia operativa; hablaba con un acento entre cubano y sureño; y ciertamente, resultaba un tanto extraño que un químico latino fuera a manejar la compañía que fabricaba uno de los productos más representativos de la cultura estadounidense.

Sin embargo, aunque su designación sorprendió a muchos, para él, que había trabajado arduamente con ese objetivo en mente, la presidencia de la compañía no era mas que la culminación de una larga carrera de logros. De ahí en adelante, se dispuso a demostrar que todo es posible para una persona decidida y con una singularidad de propósito.

La carrera administrativa de Goizueta es un ejemplo de un empresario para quien la ética de trabajo era clara: tenacidad, disciplina y trabajo duro. Ésta es la fórmula clave para los niveles altos de productividad y para convertirse en un millonario, así esté empezando de cero. Con esta fórmula, fijando prioridades y concentrándose, usted puede lograr virtualmente cualquier cosa que se proponga alcanzar en la vida. El asignarle prioridades a sus actividades y trabajar en una cosa a la vez hasta obtener los resultados deseados, no solo ayudó a Roberto Goizueta, sino que ha sido la razón primaria para los altos ingresos, la creación de riqueza y la independencia financiera de millones de personas.

Éste es un secreto que usted puede comenzar a adoptar ya mismo en su propia vida. Su habilidad para determinar la prioridad más alta, y después trabajar en ella hasta completarla, es el examen principal para medir su poder de voluntad, autodisciplina y carácter personal. Es lo más difícil de hacer, pero también lo más importante, si usted quiere tener gran éxito.

Aquí está la fórmula. Antes de empezar a trabajar en cualquier empresa o proyecto, haga una lista de todo lo que tiene que hacer. Asigne una prioridad a cada una de las actividades de dicha lista, formulándose continuamente cuatro preguntas:

1. ¿Cuáles son mis actividades de más valor? ¿Qué es lo más valioso para el crecimiento o mejoramiento de mi trabajo y mi empresa?

2. ¿Por qué me están pagando?¿Exactamente para qué me contrataron? Concéntrese en los resultados, no en las actividades.

3. ¿Qué puedo hacer yo, y sólo yo, que, de hacerse bien, logre una diferencia significativa en mi empresa? Esto es algo que solamente usted puede hacer. Si usted no lo hace, no se hará. Pero si usted lo hace y lo hace bien, puede lograr un cambio significativo en su negocio y en su vida personal.

4. ¿Cuál es el uso más valioso de mi tiempo en este momento? En un momento determinado sólo puede haber una respuesta a esta pregunta. Su habilidad para determinar cuál es el mejor uso de su tiempo en cada momento e inmediatamente llevar a cabo dicha tarea es la clave para la alta productividad y el éxito financiero.

Finalmente, propóngase trabajar en una labor. Comience con la tarea más importante y quédese trabajando en ella hasta que esté terminada. Persevere, sin permitir que las distracciones le desvíen de su camino. El peor enemigo de la persona común es que ella empieza muchas tareas pero termina pocas; su compromiso es a corto plazo y fácilmente cambia de dirección.

Al fijar prioridades continuamente y concentrarse en aquellas tareas de más valor, usted desarrollará muy pronto el hábito del alto desempeño. Este hábito se convertirá en algo automático, y virtualmente le garantizará un gran éxito en la vida.

Este hábito, por sí sólo, puede hacerlo a usted millonario.

Practique la autodisciplina en todas las cosas

Ésta es una de las cualidades más importantes para lograr el éxito en la vida y para llegar a ser millonario rápidamente. Si puede autodisciplinarse para hacer lo que sabe que debe hacer, cuando debe hacerlo, quiera o no hacerlo, su éxito está virtualmente garantizado.

La clave para hacer de usted mismo un millonario es la perspectiva que tenga a largo plazo. No obstante, ésta debe ir acompañada de la habilidad de retrasar las gratificaciones a corto plazo.

Por ejemplo, su habilidad para lograr una meta financiera a largo plazo, como la de eliminar sus deudas, debe ir acompañada de la autodisciplina con cada gasto que se le presente. Deberá aprender a hacer solamente aquellas cosas que le garantizarán cumplir su meta a largo plazo. Solo así logrará el éxito en esta área.

Es indudable que el precio de la excelencia es la disciplina. Algunos diccionarios definen la disciplina como el hábito que desarrolla autocontrol, orden y eficiencia. Sin embargo, la palabra "disciplina" viene de la palabra discípulo o "estudiante devoto". La disciplina es aquello que mantiene nuestra atención claramente enfocada en lo que deseamos alcanzar.

¿Por qué la disciplina es un componente tan importante de cualquier plan de éxito? La respuesta es sencilla: El éxito financiero, el acumular una gran fortuna requerirá tiempo, dedicación y esfuerzo continuo. Una persona disciplinada sabe qué es lo que debe hacer para lograr sus metas, no cuestiona el precio del éxito y se asegura que todos los días está trabajando para hacer realidad dichas metas.

Autodisciplina significa autodominio, autocontrol, autoresponsabilidad y autodirección. La diferencia entre la gente exitosa y los fracasados es que los primeros convierten en hábito el hacer las cosas que a los fracasados no les gusta hacer. ¿Cuáles son esas cosas que a la gente promedio no le gusta hacer? Curiosamente, son las mismas que a las personas exitosas no les gusta hacer, pero que de todas maneras hacen porque saben que son el precio del éxito.

La gente exitosa está más interesada en los resultados óptimos. Los fracasados, en los trabajos que menos exijan. Los primeros hacen todas aquellas tareas que les ayuden a alcanzar sus metas sin cuestionar qué tan duras puedan parecer, mientras que los no exitosos hacen sólo aquello que no les exija demasiado esfuerzo. La gente exitosa sabe que hay que hacer aquello que es duro, necesario e importante. Los demás prefieren todo aquello que les gratifique inmediatamente.

La buena noticia es que cada acto de autodisciplina, fortalece también sus otras disciplinas. Cada vez que usted se autodisciplina, sube su autoestima, se quiere y se respeta aún más. Entre más practica la disciplina en las cosas pequeñas, más se convierte en un ser capaz de asumir mayores responsabilidades ante las grandes oportunidades que ofrece la vida.

Recuerde que todo en la vida es una prueba. Cada día, cada hora, y a veces cada minuto, usted está enfrentando una prueba de autodominio, autocontrol y autodisciplina. El reto es ver si usted puede obligarse a sí mismo a hacer las cosas más importantes y no parar hasta haberlas culminado. Es poder mantener su mente enfocada en su futuro y en las metas que desea lograr, en lugar de estar enfocado en el pasado, en lo que no quiere o en los problemas o las caídas que ha enfrentado anteriormente.

En la medida en que pase cada prueba, continuará moviéndose hacia adelante en su vida.

Desarrolle la reputación de ser una persona rápida en su trabajo y digna de confianza

El tiempo es la moneda del siglo XXI. Hoy en día todas las personas viven en una carrera continua contra el tiempo. Los clientes que antes ni siquiera sabían que querían un producto o servicio, hoy lo requieren ya mismo. La gente es cada vez menos paciente para esperar cualquier cosa. Los clientes leales pueden cambiar de proveedor de un día para otro si alguien más les sirve con más rapidez que la empresa con la que están haciendo negocios.

De manera que su reto es llegar a ser reconocido por su velocidad en el trabajo. Desarrolle un sentido de urgencia en lo que hace. Conviértase en una persona de acción. Muévase rápido hacia las oportunidades. Muévase rápido cuando la gente quiera o necesite algo, o cuando vea algo que necesita hacerse.

Cuando su cliente o su jefe le pidan que haga algo, hágalo tan rápido que ellos queden sorprendidos. Usted debe haber oído que "cuando quiera que algo se haga, asegúrese de dárselo a una persona ocupada". Quienes tienen una reputación de moverse rápido atraen hacia sí mismas más oportunidades que aquellos que simplemente hacen el trabajo cuando pueden hacerlo.

El factor tiempo es un ingrediente esencial para la elaboración de cualquier plan de trabajo. Muy pocas personas desarrollan la disciplina para administrar su tiempo de manera que puedan ser mucho más efectivas y productivas, pese a que todos recibimos ingresos que van en proporción directa a nuestra productividad.

En un estudio dirigido hace algunos años hacia ejecutivos de grandes corporaciones estadounidenses, se logró descubrir que el ejecutivo promedio no planifica su trabajo diario. Los millonarios saben que ésta es una manera segura de fracasar.

Cuando usted combina su habilidad para determinar su prioridad mayor con el empeño en hacerla rápido y bien, se le abrirán más puertas y oportunidades de las que puede imaginarse hoy.

David Vice, presidente de Northem Telecom, decía hace algún tiempo: "En el nuevo milenio sólo existirán dos clases de profesionales: los rápidos y los muertos". ¿Rápidos para qué? Rápidos para cambiar; rápidos en adaptarse a las nuevas demandas de los mercados y en abandonar viejos preceptos que puedan estar deteniéndoles de maximizar su éxito personal y profesional.

Si aún no está totalmente convencido de la necesidad de actuar con prontitud, tenga en cuenta el dicho japonés que afirma que es absurdo continuar haciendo lo mismo y esperar obtener resultados diferentes.

Sexto secreto:
Sea decidido y orientado a la acción

*El empezar es más de
la mitad del camino.*

—Robert Schuller

𝓛a visión sin acción es la más frustrante y absurda manera de perder el tiempo. Una de las características de los millonarios es que reflexionan cuidadosamente y toman decisiones rápidamente; se disciplinan a sí mismos para actuar y llevar a término las decisiones que toman. Ellos se mueven con gran agilidad y reciben retroalimentación de sus acciones de manera rápida. Si cometen un error, lo corrigen de inmediato y buscan una opción distinta.

La historia de Bill Gates es quizás el mejor ejemplo de cómo la acción logra hacer realidad cualquier oportunidad. Bill Gates, fundador de Microsoft, pasará a la historia como el multimillonario más joven que logró su fortuna gracias a su esfuerzo personal. En una entrevista le preguntaron cuáles eran, a su modo de ver, los pasos más importantes para alcanzar el éxito. Bill respondió: "Es importante tener una visión clara de lo que deseas lograr en tu vida, es primordial crear oportunidades que nos ayuden a materializar esa visión y es vital tomar acción inmediata".

Según sus biógrafos, Bill Gates no posee dotes especiales que le hayan permitido monopolizar la industria del software. Él simplemente fue una persona lista, con una gran capacidad de trabajo y una enorme visión para aprovechar las oportunidades. Una persona que no sólo supo estar en el sitio apropiado, en el momento oportuno, sino que tuvo la visión, el espíritu innovador y la disposición para correr riesgos.

Pero encontrarse en el lugar apropiado en el momento oportuno no es el resultado de la suerte o la coincidencia como se puede pensar. Es necesario actuar en ese preciso instante o la oportunidad pasará de largo sin dar fruto alguno.

Por ejemplo, el descubrimiento de la vulcanización del caucho en 1839 por Charles Goodyear, fue el resultado de estar en el lugar correcto en el momento oportuno y saber qué hacer.

Durante el transcurso de un experimento que conducía en el laboratorio, Charles Goodyear accidentalmente dejó caer un poco de caucho mezclado con sulfuro en el horno en el cual se encontraba trabajando. El caucho no se derritió como era de esperarse. Al contrario, el excesivo calor pareció "curar" el caucho en presencia del sulfuro, produciendo así una sustancia que permanecía fuerte y dura tanto en el calor como en el frío excesivo. Utilizando este golpe de suerte como su primer paso, Charles Goodyear realizó una serie de experimentos que, a la postre, concluyeron en lo que hoy conocemos como el proceso de la vulcanización del caucho.

A pesar de que muchas personas puedan creer que este descubrimiento fue simplemente un golpe de suerte, lo cierto es que para que éste ocurriera, fue necesario que Goodyear estuviese trabajando con aquellos materiales y se encontrara buscando algo. El que se encontrase haciéndolo sobre el horno, fue simplemente un accidente que tarde o temprano tenía que suceder.

La historia de Gates, al igual que la de Goodyear, es un claro ejemplo de cómo uno mismo crea sus propias oportunidades mediante la acción decidida.

Para apreciar esto, basta con estudiar sus comienzos. Bill Gates entró al mundo empresarial a los 15 años. Se hizo programador y experto en lenguaje de programación de aquella época. En 1975 le llamó la atención una carátula de una revista que anunciaba la aparición de la primera computadora personal en el mundo.

Pensando en la oportunidad de capitalizar con su nuevo conocimiento como programador, contactó la compañía e hizo arreglos para producir un programa para los aficionados usuarios del novedoso aparato. Así creó Bill Gates una ocasión propicia con elemen-

tos que ya existían a su alrededor, puesto que él ni
había inventado la computadora, ni había desarrollado el lenguaje de programación. Él sólo se limitó a
conectar dos ideas para responder a una necesidad
que él mismo sintió y procedió a actuar de manera
inmediata. Junto con su amigo Paul Allen, trabajó
durante dieciocho horas diarias en el laboratorio de la
Universidad de Harvard, para producir el primer software operativo para la nueva computadora.

A los 19 años, solicitó una licencia temporal en
Harvard, para ausentarse durante su segundo año de
estudios, y se mudó a Albuquerque, Nuevo Mexico,
en compañía de su socio para estar cerca a su cliente. Allí, viviendo y trabajando en un cuarto de hotel,
formaron la Microsoft como entidad comercial para
continuar creando programas de software.

Esta decisión les abrió las puertas de las nuevas
empresas que entraban al mundo de las computadoras,
y pronto, los sistemas operativos creados por la
Microsoft se convirtieron en la tecnología de los orde-
nadores personales, lo cual le dio a Bill Gates fama de
gurú del software y le dio la credibilidad suficiente para
abrir las puertas de la poderosa IBM.

Nuevamente, Gates se limitó a crear las condiciones que le permitieran capitalizar en esta nueva oportunidad ¿Cómo? Primero, cuando la IBM decidió entrar a la carrera de los computadores personales en

julio de 1980, él ya se había encargado de crear una reputación en el ámbito nacional como el más alto experto en software para microprocesadores. Así entró a la IBM, donde obtuvo un contrato para desarrollar el sistema operativo MS-DOS, lo cual, a propósito, se consumó antes de que él cumpliera los 25 años de edad. Una vez adquirido el contrato para el desarrollo del sistema operativo MS-DOS, compró un sistema llamado Q-DOS a otra empresa y lo adaptó para que operara en las computadoras producidas por la IBM.

En 1990, Microsoft desarrolló quizás uno de los programas de mayor éxito en su historia: Microsoft Windows 3.0. Para ello se basó, por lo menos en parte, en un programa diseñado por la Apple, años antes para sus computadoras Macintosh.

Esto ha hecho que algunos de sus críticos hayan tildado a Bill Gates de oportunista, pero lo cierto es que esta actitud de crear oportunidades ha sido responsable, de alguna manera, del éxito de otros visionarios como Sir Isaac Newton, Thomas Alba Edison y Henry Ford.

¿Qué podemos aprender de la experiencia y éxito de este gran empresario? La lección es muy sencilla: un sueño que no se convierta en una meta no es un buen sueño; una meta que no vaya acompañada de un plan no es una buena meta; y un plan que no se pueda traducir en acción inmediata no es un buen plan. La acción es el ingrediente más importante para transformar sueños en realidades.

En su libro *Piense y hágase rico*, Napoleon Hill cuenta cómo en un estudio efectuado con más de 25.000 hombres y mujeres que habían experimentado el fracaso, puso de manifiesto que la falta de decisión era casi siempre el motivo que encabezaba la lista de las causas más comunes del fracaso.

De igual manera, al analizar las vidas de varios cientos de personas que han logrado acumular grandes fortunas, se ha descubierto que, en su mayoría, tienen el hábito de tomar decisiones con rapidez y cambiarlas con lentitud si es necesario.

La persona promedio actúa de manera opuesta, ella toma decisiones lentamente, si acaso llega a tomarlas, y las cambia con rapidez y frecuentemente.

La clave para el éxito es empezar. Las personas exitosas son decididas y tratan de hacer muchas más cosas que la persona promedio. De acuerdo con la ley de las probabilidades, si usted trata varias formas diferentes de ser exitoso, aumenta las probabilidades de que encuentre la manera correcta y apropiada para usted, en el momento preciso.

Las personas que no son exitosas son indecisas; saben lo que tienen que hacer pero carecen del carácter o la fuerza de voluntad para tomar decisiones firmes. Como resultado de ello, van a la deriva a lo largo de sus vidas, nunca están felices, ni se ven realizadas. Nunca se hacen ricas ni logran la independencia financiera y se resignan con mucho menos de lo que podrían alcanzar.

Cuando usted decida actuar con firmeza y adopte una postura orientada a la acción, comenzará a vivir su vida a un ritmo más dinámico. Logrará hacer mucho más en un día que la persona promedio y esto hará que avance mucho más rápido que la gente a su alrededor. Tome la decisión de vivir con un nivel de energía, entusiasmo y motivación que lo muevan hacia sus metas aún más rápido. Haga uso de su fuerza de voluntad y tenga una visión de futuro, sin olvidar la profunda importancia de las acciones que está realizando en el presente.

Pregúntese ¿qué acción, si la realizara inmediatamente, podría tener el impacto positivo más grande en sus resultados? Cualquiera que sea su respuesta a esa pregunta, ¡llévela a cabo!

Respalde todo lo que hace con las cualidades gemelas de la persistencia y la determinación

La persistencia es la cualidad de hierro del carácter; es al carácter del hombre lo que el carbón es al acero. La persistencia es una cualidad absolutamente indispensable que va de la mano con todos los grandes éxitos de la vida.

El coraje para persistir frente a la adversidad y la desilusión es la cualidad responsable de un mayor número de triunfos y fortunas. Su atributo personal más grande puede ser la voluntad y decisión de mantenerse al frente de cualquier empresa o aventura que decida emprender mucho más tiempo del que cualquier otra persona estaría dispuesta a hacerlo. De hecho, su persistencia es la verdadera medida de la creencia en sí mismo y en su habilidad para triunfar.

Uno de los grandes secretos del éxito es adoptar la persistencia como una de las virtudes que gobernarán su vida mucho antes de que llegue aquello que lo pueda hacerle retroceder y desilusionarse de su misión personal o de sus metas. Resuelva con anticipación que nunca se rendirá, sin importar lo que pase. Si decide con anticipación que persistirá a pesar de los altibajos inevitables de la vida, cuando éstos lleguen estará sicológicamente preparado para enfrentarlos con decisión y valentía.

Recuerde que toda la vida es una prueba. Para que usted triunfe debe pasar la "prueba de la persistencia". Ésta puede aparecer en cualquier momento, usualmente cuando menos lo espera y de donde menos piensa. Usted la acepta cada vez que es confrontado por una dificultad inesperada, por la desilusión, las caídas, el fracaso o una crisis en la vida. Es ahí cuando puede mostrar de qué está hecho usted realmente.

Para el coronel Sanders, fundador de Kentucky Fried Chicken, la cadena de restaurantes de venta de pollo frito más grande del mundo, esta prueba apareció disfrazada de supercarretera. Pocos ejemplos dan muestra del gran valor de la persistencia como la historia de este hombre.

El coronel Sanders sabía que tenía una receta para la preparación del pollo inigualable. Así que comenzó un pequeño restaurante a la orilla de la carretera en las afueras de la ciudad de Corbin, en el estado de Kentucky. Sin embargo, unos años más tarde, la construcción de una supercarretera desvió el tráfico lejos de la ciudad, llevándose todos los clientes que esporádicamente paraban en su restaurante. En poco tiempo su negocio quebró. Después de pagar sus deudas, sus ingresos quedaron reducidos a su pensión de 105 dólares mensuales.

No obstante, confiado en la calidad de su receta de pollo y armado de una determinación inquebrantable, a la edad de 65 años el coronel Sanders emprendió una nueva aventura. Decidido a crear una franquicia que le diera mayor solidez a su empresa, fue al banco en busca de un préstamo para financiar su nuevo restaurante. Sin embargo, ese primer banco no compartió su entusiasmo; ni tampoco el segundo, el tercero, o el décimo.

Es muy común encontrar personas que renuncian a sus metas tras haber intentado sólo un par de veces. Pero el coronel Sanders sabía que la persistencia engendra éxito, por eso golpeó en las puertas de 1 006 bancos que le negaron el préstamo, antes que el 1 007 decidiera prestarle el capital de inversión que él buscaba.

Hoy, los restaurantes Kentucky Fried Chicken, o KFC, como también se les conoce, están dispersos en más de cien países alrededor del mundo, todo como resultado de la persistencia y la determinación de un hombre que no quiso darse por vencido.

Epícteto, el filósofo romano, escribió alguna vez que: "Las circunstancias no hacen al hombre. Ellas, solamente lo revelan a él ante sí mismo."

Las caídas y las crisis son inevitables en su vida. Si usted se está moviendo hacia la realización de sus objetivos, es muy posible que enfrente crisis con cierta frecuencia. Entre más cosas intente, más grandes sean sus metas, o más decidido esté usted a hacerse millonario, más problemas y crisis experimentará.

Lo único que usted puede controlar es cómo responde a estas dificultades y caídas. Cada vez que responda de manera positiva y constructiva se hace más fuerte y mejora notoriamente su capacidad para sortear los nuevos problemas o crisis que puedan aparecer.

Cuando usted aprenda a enfrentar las caídas, se convertirá en el tipo de persona que nunca se rinde, sin importar cuál sea la dificultad que pueda estar enfrentando. Sin importar qué obstáculo se interponga en su camino, siempre encontrará la manera de pasar sobre él, debajo de él, alrededor de él o a través de él, pero nunca permitirá que lo detenga de alcanzar su objetivo.

De la misma forma en que un escalador o montañista profesional que llega a un pico, debe bajar al valle para escalar otro pico, su vida seguramente será igual. Su vida y su carrera serán una serie de altibajos. Como dice el viejo adagio: "La vida son dos pasos hacia adelante y un paso hacia atrás".

Toda la vida de los negocios son ciclos y tendencias. Hay ciclos ascendentes y descendentes. Hay tendencias en los negocios que en ocasiones pueden llevar a un cambio total en la industria. Vemos esto hoy con la industria del internet y la expansión de la tecnología en todas direcciones, cambiando muchas de nuestras ideas y creencias acerca de la forma como se hacen los negocios.

Desarrolle una perspectiva del tiempo a largo plazo. Tome un punto de vista a largo plazo en todo lo que haga. Planee dos, tres, cuatro y cinco años hacia el futuro y no se permita a sí mismo, montar en una montaña rusa emocional con los altibajos de su vida diaria.

Recuérdese continuamente que todo en su vida ocurre en ciclos. Sea calmado, confiado y relajado con las fluctuaciones cortas de su fortuna. Cuando se tienen metas y planes claros en los que se está trabajando cada día, la tendencia general de su vida va a ser hacia arriba y hacia delante, a través de los años.

SÉPTIMO SECRETO:

Mantenga siempre presentes los fundamentos básicos para la acumulación de riqueza

La perseverancia es un elemento
primordial para el éxito.
Si uno toca suficiente tiempo
y suficientemente fuerte la puerta,
puede estar seguro de despertar a alguien.

—HENRY WADSWORTH LONGFELLOW

$\mathcal{S}$i deseamos experimentar abundancia en nuestras vidas, debemos concebir una estrategia suficientemente clara sobre cómo pretendemos lograrla. No contar con ella es quizás una de las principales razones por las cuales las personas no logran triunfar financieramente.

Ellas pueden querer ganar mucho dinero y acumular mucha riqueza, pero no tienen una idea clara y precisa sobre cómo empezar a hacerlo. Nunca han pensado en ello lo suficiente como para desarrollar un plan de acción concreto.

Este séptimo secreto contiene ideas que le permitirán comenzar a crear su propia fortuna hoy mismo. Algunas de ellas son fáciles de asimilar, otras requerirán cambios mayores en su estilo de vida.

George Clason resumía la primera de estas ideas en su libro *El hombre más rico de Babilonia* con las siguientes palabras: "Si desea comenzar a acumular su propia fortuna, recuerde que una parte de todo lo

que gana es suya para ahorrarla. Por cada diez monedas que coloque dentro de su bolsa, fruto de su
trabajo, saque para gastar solamente nueve".

Esta idea es un buen primer paso para desarrollar
un plan de ahorro. Entre sus hábitos financieros debe
encontrarse el pagarse a sí mismo antes que a nadie.
Esto significa ahorrar mensualmente cierta suma de
dinero, inclusive si es una cantidad pequeña. ¡Piénselo! Si comienza a regular sus gastos y decide qué
parte de sus ingresos son para usted, alrededor de un
10% de sus entradas, puede utilizar ese dinero para
invertirlo y así crear una nueva fuente de ingresos.

Si cuando usted recibe su salario mensual, paga
todas sus deudas, cubre todas sus necesidades, deseos y demás gastos, pero olvida pagarse a sí mismo,
terminará por crear un estilo de vida que escasamente le permitirá sobrevivir. No obstante, este hábito no
le permitirá vivir su vida plenamente, ni le dará la
oportunidad de ahorrar para su futuro o contar con
una reserva de dinero para épocas difíciles.

Hoy por hoy, la persona promedio ahorra menos
del 5% de lo que gana. Muy pocas de ellas piensan
en su retiro, antes de los cincuenta años, y sólo un
pequeño porcentaje ha invertido o ahorrado con mi-
ras a sus años dorados. Así que páguese a sí mismo.
¡Ahorre!

Páguese usted primero

Tomar la decisión de ahorrar e invertir el 10% de sus ingresos es la manera de comenzar a construir su propia fortuna. Así que cada vez que reciba su cheque a fin de mes, inmediatamente tome de ahí un 10% y guárdelo en una cuenta especial para su acumulación de riqueza. Cualquier persona, incluso aquella que devenga un salario mínimo, si empieza temprano puede ahorrar y amasar una gran fortuna al desarrollar la disciplina de ahorrar e invertir su dinero de manera inteligente.

Si no puede ahorrar el 10% de su salario, comience ahorrando el 1%. Guárdelo al principio de cada mes, incluso antes de empezar a pagar deudas. Viva con el otro 99% de su sueldo. Cuando se sienta cómodo con esto, suba los ahorros al 2% de su sueldo, después al 3%, hasta llegar al 10%.

En poco tiempo descubrirá que estará ahorrando un 10% de sus ingresos y viviendo cómodamente con el resto. Así, poco a poco, su cuenta de ahorros e inversiones empezará a crecer. Se volverá más cuidadoso con sus gastos y empezará a pagar sus deudas. A lo largo de uno o dos años, toda su vida financiera estará bajo control y usted estará en camino de construir su propia fortuna. Este proceso ha funcionado para todos los que lo han seguido y podrá funcionar también para usted.

Si usted no puede ahorrar dinero, entonces la semilla del éxito financiero definitivamente no están dentro de usted. Desarrollar el hábito de ahorrar e invertir dinero, no es fácil. Requiere una determinación y una voluntad increíbles. Debe fijarlo como un objetivo, escribirlo, hacer un plan y trabajar en él, todo el tiempo. Una vez que adquiere este hábito, se vuelve automático y su éxito financiero está asegurado.

Preste atención a la manera como gasta su dinero. Sea muy cuidadoso con él. Cuestione cada gasto. Una de las razones por las cuales las personas se retiran pobres es porque gastan más de lo que deben, son impulsivas en el momento de comprar. Caen víctimas de lo que se conoce como "La ley de Parkinson", que dice que: "Los gastos siempre tenderán a subir hasta igualar los ingresos." Sin importar cuanto gane, si gasta esa cantidad o más, lo único que estará acumulando serán deudas.

Establezca metas financieras a corto y largo plazo

Existe un estado de lucha constante entre usted y todos aquellos que quieren poner las manos en el dinero que tan duramente ha conseguido, y en esta batalla usted es el vencedor o el vencido. Todas las decisiones financieras que tome, lo acercan o lo alejan de sus metas. Inevitablemente, debido a la falta de información y elaboración de un plan, muchas de estas decisiones que tomamos a diario, suelen ser errores monumentales.

La planificación financiera debe incluir la elaboración de un presupuesto, el desarrollo de un plan de ahorro e inversión en los activos más rentables, la adquisición de las diferentes pólizas de seguro que pueda necesitar, las estrategias a utilizar para reducir el monto de impuestos, la eliminación de las deudas y el análisis y planificación de sus finanzas. Todo esto será de vital importancia al momento de tomar decisiones en áreas como la educación de sus hijos, la compra de su casa, o cuando tenga que enfrentar imprevistos, enfermedades u otro tipo de problemas.

Los expertos en planificación financiera sugieren a sus clientes que determinen dónde quieren encontrarse financieramente en 15 ó 20 años. Sólo si hace esto podrá considerar cuáles son los pasos que necesita tomar hoy para alcanzar sus metas financieras a largo plazo; podrá informarse acerca de los diferentes vehículos de inversión para sus ahorros y comenzar a invertir su dinero hoy mismo, ya que la mitad del proceso de inversión es el dinero y la otra mitad es el tiempo necesario para que la inversión se multiplique.

Determine a qué edad desea retirarse de trabajar y cuánto dinero desea haber ahorrado para ese entonces. Desarrolle un plan de pensión. Recuerde que la seguridad económica para sus años dorados, es sin duda alguna, una de las decisiones financieras que todos debemos resolver durante nuestros años productivos. Descubra cuáles son las aspiraciones profesionales de sus hijos y determine cómo cubrirá dicha inversión en su educación. Viva el presente con una visión de futuro.

Si aún no posee una casa propia, piense en ello como una de las inversiones que se valorizan. La compra de vivienda es una de las decisiones más importantes de una familia y puede verse como el cimiento económico sobre el cual se construirá el resto de su plan financiero. Una vez haya hecho esto, determine aquellos objetivos a corto plazo que le permitan alcanzar sus metas a largo plazo.

Una de esas metas a corto plazo debe ser el desarrollo de un presupuesto de gastos. Muy pocas personas han hecho un presupuesto. Quizás porque la mayoría de ellas siente un miedo aterrador a la idea de descubrir cuánto gasta cada mes y cómo lo gasta. Ellas prefirieren vivir en la oscuridad, con la esperanza de que todo esté marchando bien, sin entender que no lidiar con nuestras finanzas es la peor manera de lidiar con ellas.

Formúlese esta pregunta, ¿No debería saber a ciencia cierta a dónde va su dinero cada mes? Una cosa es decir que desea ser financieramente libre, pero para hacer eso debe determinar con absoluta honestidad cuál es su situación financiera hoy.

Ya sea que gane un millón de dólares al año ó 200 dólares semanales, si no elabora un presupuesto, nunca logrará el control absoluto de sus finanzas. Así que una vez termine de leer este capítulo, saque su chequera y revise todos los cheques que ha girado durante el último año. Busque los extractos bancarios, los recibos de sus tarjetas de crédito; en fin, localice cualquier papel que le pueda dar indicaciones de cómo ha gastado su dinero mes a mes, durante los últimos doce meses. Seguramente tomará algún tiempo hacer esto, pero este tiempo no es nada comparado con lo que este ejercicio representará para su futuro financiero.

Así que tome unas horas para sacar su dinero de la oscuridad en que se encuentra para verlo a la luz de la realidad. Ármese de papel y lápiz, de valor y paciencia, e inicie uno de los pasos que más influirán sobre su futuro financiero.

Una vez termine de hacer esto es posible que descubra, al igual que la mayoría de las personas, que está gastando más de lo que gana. Busque entonces la manera de aumentar sus ingresos y de reducir sus gastos.

Escriba las diferentes categorías que incluirá en su presupuesto y decida qué cantidad de dinero desea asignar para gastar en cada categoría. Entienda que no nos hemos referido a qué cantidad le está permitido gastar o en cuánto dinero tiene que reducir sus gastos en dicha categoría. ¿Si ve? Su presupuesto no es una camisa de fuerza que le va a privar de hacer lo que desee y le va a detener de disfrutar la vida.

Entienda que si usted está gastando más de lo que gana, esta solución que le estamos mostrando no es para crearle limitaciones, es para que tome nuevas decisiones. Es para que determine en qué desea gastar su dinero, o cómo gastarlo de una manera diferente. Es decidir qué es prioritario en su vida y emplear su dinero en ello, en lugar de malgastarlo sin saber en qué, cómo, o cuándo.

Después que determine cuánto dinero desea gastar en cada categoría, en los próximos meses mantenga un control de cuánto está gastando en cada área. Si hay categorías en las que ha decidido que desea reducir sus gastos, escríbalas en un sitio visible y mantenga un mayor control sobre ellas. Y si ve que va en camino a gastar más de lo que decidió que quería, busque formas creativas de reducir estos gastos. No vea su presupuesto como una manera de restringir sus acciones. Por el contrario, sus acciones por primera vez estarán dictaminadas por las decisiones que ha tomado.

Es indudable que toda gran fortuna comienza con el dominio de los fundamentos básicos que hemos expuesto. Sin importar cuáles sean nuestras circunstancias presentes, el aprender y enseñar estas ideas traerá grandes beneficios a nuestra vida.

La historia de Irma Elder es un gran ejemplo de esto.

"Cuando mi nieta de 4 años me dijo: 'abuelita, ¿me prestas cincuenta dólares? Yo te devuelvo un dólar a la semana'. Contrario a lo que ocurre en la mayoría de los casos con estas deudas de familia, yo me aseguré de cobrarle la deuda; solo así ella aprendería a ser responsable de administrar sus finanzas.

Como ama de casa, tuve que aprender a manejar bien mi dinero y a administrar los recursos a mi alcance de la manera más efectiva. Sin darme cuenta, llegue a dominar muchos de los fundamentos básicos para administrar un negocio".

Dominar los fundamentos del éxito financiero fue lo que le permitió a esta inmigrante mexicana, que llegó a la Florida a los 12 años de edad, tomar las riendas de una empresa automotriz y convertirla en una de las diez empresas hispanas más exitosas en los Estados Unidos, con ventas anuales que exceden los 600 millones de dólares.

En 1983 su esposo murió, y esta madre de tres hijos y ama de casa, debió asumir el reto de tomar las riendas de negocio, en una industria dominada por hombres. Hubo quienes se negaron a seguir bajo su mando, asegurando que fracasaría. Hoy, con ocho concesionarias y más de cuatrocientos cincuenta empleados, esta mujer asegura que la clave de su éxito estuvo en aprender a conocer cada aspecto de su negocio y haberse comprometido a hacer todo con calidad y excelencia.

Así que comience hoy mismo a aprender estos aspectos básicos del éxito financiero ya que ellos serán los responsables de sus éxitos futuros.

Aprenda a diferir las gratificaciones

Cuando Benjamin Franklin se propuso identificar los valores que gobernarían su vida, el primero que eligió fue la frugalidad. Así que no es nada extraño que la frugalidad o moderación sea, según Tom Stanley, autor del libro *Mi vecino el millonario*, uno de los factores clave en la acumulación de riqueza. De acuerdo con Stanley, las personas que han acumulado gran riqueza, no sólo son grandes ahorradores, sino que cuidan muy bien cómo y en qué gastan su dinero. Si desea prosperidad y abundancia en su vida, necesita aprender a vivir dentro de sus posibilidades, lo cual significa regular sus gastos.

Basta con mirar la televisión o escuchar la radio para ver que la vida se ha vuelto una gran venta de rebajas. Todos los fines de semana se han convertido en una oportunidad para "comprar dos y llevar tres", o "comprar hoy y pagar más tarde". Y si no tiene cuidado, si no posee metas específicas que lo estén moviendo hacia el logro de su libertad financiera, corre el peligro de caer víctima de una actitud de consumismo y mediocridad.

Si deseamos crear nuestra propia fortuna debemos aprender a diferir gastos y evitar gratificarnos inmediatamente, sin tener en cuenta nuestra situación financiera, o nuestras metas a largo plazo. Evite apresurarse a adquirir aquello que cree que desea o necesita. Es prudente y aconsejable esperar.

El problema es que a una gran mayoría de nosotros nos gusta premiarnos y darnos regalos constantemente. Esto nos hace sentir que estamos en control y crea la ilusión de que estamos bien económicamente. Es más, varios sicólogos han reportado que ciertas personas llegan al colmo de salir a gastar el dinero que no tienen, en cosas totalmente innecesarias, cuando más mal se encuentran económicamente, sólo para tratar de convencerse a sí mismas de que la situación no está tan mal como parece. Por supuesto, lo único que esto logra es empeorar aún más las cosas.

Una característica que comparten muchos de los grandes triunfadores es el hábito de gratificarse o premiarse sólo tras haber alcanzado alguna de sus metas. Una práctica que produce resultados doblemente efectivos, ya que por un lado, les ayuda a controlar sus gastos, y por otro, les da un incentivo más para alcanzar sus metas.

Por tanto, si desea crear abundancia en su vida, deje de lado la vieja costumbre de premiarse sólo por premiarse, sin haber hecho nada para merecerlo. No caiga en la trampa de adquirir deudas innecesarias para poder tener un estilo de vida que no va a poder disfrutar, manteniéndose así siempre al borde de la bancarrota.

He aquí una medida bastante efectiva que puede ayudarle a controlar este mal hábito de comprar compulsivamente. Cuando esté pensando en adquirir algo fuera de lo ordinario, algo que comúnmente no suele comprar, ¡deténgase! No lo haga inmediatamente, inclusive si cree, como casi siempre suele suceder, que es absolutamente indispensable que lo adquiera ya mismo. ¡No lo compre! Escríbalo en un papel, póngalo en la puerta del refrigerador, o en cualquier otro sitio visible, y déjelo ahí por lo menos una semana. Si al final de esa semana aún desea comprarlo con la misma ansiedad que antes, entonces hágalo sólo si puede pagarlo en efectivo.

Si hace esto, probablemente descubrirá un gran número de cosas que, en su momento, pensó que necesitaba con gran urgencia, pero que, en realidad, no era así. Se dará cuenta que, de haberlas adquirido, habría desperdiciado su dinero. Haga esto y no sólo tendrá más dinero al final del mes, sino que también habrá dado el primer paso para tener el control de su situación financiera.

Nos parece apropiado cerrar este capítulo con una historia de éxito que muchas personas pueden atribuir a la suerte, pero que nosotros sabemos que es el resultado de este importante hábito que hemos venido mencionando. La historia de Frank Vanegas es un ejemplo incuestionable de los beneficios de aprender a diferir las gratificaciones.

En 1979, Frank y su esposa vivían en Detroit, Michigan, donde él trabajaba para una empresa manufacturera de acero. Un domingo sucedió algo que cambiaría el rumbo de su vida: Frank se ganó un automóvil Cadillac en una rifa efectuada por la iglesia a la cual él y su esposa asistían. Hasta aquí, todo puede ser atribuido a la suerte. No obstante, en la vida lo importante no es necesariamente lo que nos suceda, sino cómo respondamos ante ello.

Camino a casa, Frank decidió que, en lugar de quedarse con el automóvil, utilizaría este golpe de suerte como semilla de algo aún mayor. Así que colocó un anuncio en el periódico para vender el auto y un par de días más tarde tenía en su poder diez mil dólares con los cuales comenzaría un negocio propio.

Esos fueron los comienzos de lo que hoy es el *Ideal Group*, una compañía que fabrica plataformas de acero y que en el 2003 tuvo ventas por más de cien millones de dólares. ¿Fue su éxito cuestión de suerte? Lo cierto es que si Frank hubiese decidido comenzar a disfrutar de su premio inmediatamente, su vida quizás hubiese sido muy distinta. No obstante, él y su esposa entendieron los beneficios de diferir las gratificaciones inmediatas en pos de logros mayores a largo plazo. Esta decisión no sólo le ha permitido jugar un papel de liderazgo en su comunidad, sino que lo convirtió en uno de los empresarios latinos más ricos en Estados Unidos.

Octavo secreto:
Considérese a sí mismo como su propio empleado

El que espera hasta que el viento
y el clima estén bien,
jamás plantará nada,
ni cosechará nada.

—Eclesiastés 11: 4

$\mathcal{U}$na manera bastante efectiva de concebir nuestra vida profesional en el nuevo milenio es adoptando una práctica que hoy es muy común en el mundo de los deportes: el concepto de los agentes libres.

La práctica de los agentes libres se originó cuando algunos deportistas lucharon por tener más poder en la toma de decisiones sobre su futuro profesional. Hasta ese momento, el destino de casi todos ellos estaba en las manos de los dueños de los equipos para los cuales jugaban, y ellos no tenían otra alternativa que aceptar las decisiones que los dueños tomaran sobre cuándo y dónde deberían jugar y si eran trasladados o no, a otro equipo.

Cuando el concepto de los agentes libres finalmente se consolidó, cambió por completo el mundo de los deportes. No sólo tuvieron los jugadores mayor poder sobre las decisiones que los afectaban directamente, sino que se convirtieron en empresarios, negociando salarios, promoviendo sus servicios, cuidando de mantener un alto rendimiento y bus-

cando constantemente mejores oportunidades profesionales.

Ésta es una práctica que debe ser adoptada por
cualquier persona que desee alcanzar el éxito financiero y profesional. Piénselo: la libertad financiera que
usted busca, reside en su habilidad para mercadear y
posicionar sus servicios en el mercado laboral.

¿Qué quiere decir esto? Que debemos desarrollar
una actitud de búsqueda constante de aquellas oportunidades que puedan brindarnos una mayor seguridad
financiera. El proceso de mercadear y posicionar nuestros servicios profesionales debe ser un proceso constante, al igual que debe serlo nuestro crecimiento y
desarrollo profesional.

**Usted no trabaja para nadie. Usted trabaja para
sí mismo**

Acepte la absoluta responsabilidad por todo lo que
usted es y será en la vida. No dé excusas o culpe a los
demás por sus problemas o limitaciones. Evite que-
jarse por aquello que no le gusta en su vida y comience a hacer algo para cambiarlo. Entienda y acepte
que usted es el único responsable por aquellas circunstancias que hoy son parte de su vida. Si hay algo
en ella que le gustaría cambiar, sólo usted tiene el
poder para lograrlo.

Sólo el 3% de las personas, sin importar cuanto ganan, se consideran a sí mismas como sus propios jefes. Independientemente de si se encuentran trabajando como empleados en una empresa, ellos se comportan como si trabajasen para ellos mismos en su propia compañía. El error más grande que usted puede cometer es pensar que no trabaja para usted mismo, porque siempre lo está haciendo. Siempre es el presidente de su corporación personal de servicios, sin importar con quien esté vinculado laboralmente en ese momento.

Cuando usted se ve de esta manera, desarrolla la mentalidad de un individuo altamente independiente, responsable de sus acciones, capaz de empezar su propia empresa. En vez de esperar a que las cosas sucedan, hace que ellas ocurran. Se ve como el jefe de su propia vida. Acepta que es la persona encargada de su salud física, su bienestar financiero, su carrera, sus relaciones y su hogar. Ésta es la manera de pensar de una persona verdaderamente excelente.

Quienes aceptan la responsabilidad absoluta por sus acciones están intensamente orientados hacia el logro de resultados específicos; desarrollan un alto nivel de iniciativa y siempre buscan encargarse del mayor número de tareas. Como resultado de ello, se vuelven las personas más valiosas y respetables en sus organizaciones. Continuamente se preparan para ocupar puestos de mayor autoridad y responsabilidad en el futuro. Usted debe hacer lo mismo.

Todo aquel que trabaje para cualquier empresa, debe pensar en sí mismo, no como un empleado de dicha empresa, sino como un empresario o empresaria cuyo cliente principal, en el presente, es su actual empleador. Es arriesgado e imprudente creer que, porque contamos con un empleo, tenemos nuestro futuro financiero asegurado. Debemos abandonar la absurda idea de creer que no debemos preocuparnos demasiado por nuestro trabajo o empresa ya que no estamos trabajando para nosotros mismos.

En un mundo laboral tan volátil y cambiante, no hay ninguna garantía que tendremos el mismo cliente el día de mañana. En otras palabras, que contaremos con nuestro empleo. Considere el peligro que tendría una empresa que dependiera exclusivamente de un solo cliente. Entonces, debemos mercadear y posicionar nuestros servicios profesionales de manera que siempre haya demanda por ellos en el mercado.

Esto fue exactamente lo que hizo Tomima Edmark, quien era ejecutiva de mercadeo de la IBM. A finales de los años ochenta, al notar que la empresa estaba reduciendo drásticamente el personal, ella decidió desarrollar un plan alterno, en caso que su situación laboral tuviera un cambio súbito. Con cuatro mil dólares que había ahorrado, empezó un negocio basado en un producto para sostener el cabello que había creado ella misma. Su producto consistía en una peineta de plástico para hacerse colitas de caballo con el pelo. En el año 2003 su empresa reportó ventas por cien millones de dólares.

Éste es un ejemplo de lo que puede suceder cuando tenemos claro el principio de saber que nosotros siempre estamos trabajando para nosotros mismos. Tomima no esperó hasta estar en apuros para desarrollar un plan alterno. De esta manera, cuando la oportunidad se presentó, ella supo como actuar.

¿Si usted fuera el presidente de su compañía por un día, o fuera completamente responsable por todos los resultados de la empresa donde trabaja, qué cambio haría inmediatamente? Sea el que sea, escríbalo, haga un plan y comience a realizarlo hoy. Este simple hecho podría cambiar su vida.

Entréguese a la excelencia

Tome la decisión de ser el mejor en su campo. Propóngase estar entre el 10% de las personas más exitosas en su área de trabajo, sea la que sea. La decisión de volverse muy bueno en lo que hace es un punto definitivo en su vida. No hay gente exitosa que no sea reconocida por ser extremadamente competente en su campo de acción.

El éxito y la excelencia personal, profesional y empresarial, requieren estudio, preparación y cuidado constante. Las empresas de éxito saben que todo lo que una compañía hace, todo producto, servicio o proceso organizativo puede y debe ser mejorado constantemente.

La excelencia en la empresa se logra involucrando a todos, desde el presidente hasta el mensajero, en un mejoramiento constante; proveyendo a cada uno de nuestros colaboradores el entrenamiento, las estrategias y la autoridad para solucionar problemas. La excelencia empresarial es el fruto de fijar altos estándares de calidad, evaluar la productividad constantemente y enfocar la visión estratégica de la compañía en las necesidades de sus clientes. Este compromiso total con la excelencia es lo que separa a las empresas altamente exitosas del resto del grupo.

¿Está usted totalmente comprometido con la excelencia? ¿Ha fijado altos niveles y estándares de calidad en su vida? Recuerde que nadie es mejor ni más inteligente que usted. Todos los que están en el 10% superior seguramente empezaron en el 10% inferior. A todas aquellas personas a quienes les va bien, alguna vez les fue mal. Su éxito fue el resultado de aprender, practicar y perseverar, y si sirvió para ellos, servirá para usted.

He aquí una de las reglas más importantes para el éxito: "Su vida sólo se mejora cuando usted mejora." Es imposible producir un trabajo excelente si usted no es excelente. De la misma manera, es imposible tener una gran empresa con empleados mediocres.

Su decisión de ser excelente en lo que hace, para lograr pertenecer al 10% superior en su campo, es un punto decisivo en su vida. No sólo es la clave para el éxito, sino que también es la fuente de altos niveles de autoestima y orgullo personal.

Ésta es una de las preguntas más importantes que se hará y responderá durante el resto de su carrera: ¿Qué habilidad, si lograra desarrollarla y realizarla de forma excelente, tendría mayor impacto en mi vida?

Identifique una habilidad que le ayude a ser más productivo en su trabajo. Tome la decisión de desarrollarla al máximo. No se puede ser bueno en algo de la noche a la mañana, así que fíjese un objetivo claro al respecto. Escríbalo. Asígnele una fecha límite. Desarrolle un plan de trabajo y trabaje en esa área cada día. Esta decisión lo puede convertir en un millonario más rápido de lo que usted pueda pensar.

Desarrolle una ética de trabajo duro y disciplinado

El nuevo milenio, la globalización de los mercados y el alto nivel de competitividad han producido una clase de profesional más autónomo, autodisciplinado y proactivo. En el ámbito laboral, uno de los cambios más significativos es que la misma definición de la palabra trabajo está cambiando. Trabajo solía significar tener un empleo, generalmente en un lugar fuera de casa, con un jefe que supervisaba nuestro desempeño. Sin embargo, hoy en día trabajar significa hacerlo para uno mismo e incluso por uno mismo.

Actualmente, un número creciente de empresas emplea a consultores y contratistas externos para realizar muchas de las labores que solían ser responsabilidad de una fuerza laboral propia. Muy pronto, la mitad de las personas de los países desarrollados desempeñarán su trabajo fuera de las empresas para las cuales trabajan.

Los millonarios que han construido su propia fortuna suelen tener un horario de trabajo riguroso. Generalmente empiezan a trabajar desde muy temprano, lo hacen hasta más tarde que la persona promedio y desarrollan una reputación de ser las personas más trabajadoras en sus empresas.

Practique la fórmula "40 y más". Esta fórmula establece que las primeras cuarenta horas de trabajo semanal le permitirán subsistir. No obstante, si desea triunfar deberá trabajar mucho más que esto. Si sólo trabaja cuarenta horas, lo único que logrará será sobrevivir, pero lo más probable es que nunca salga adelante o logre el éxito financiero. Pero cada hora de trabajo extra, fuera de su jornada regular, representa una inversión en su futuro. Es posible tener una idea de dónde se encontrará financieramente en cinco años con sólo ver cuántas horas trabaja cada semana.

He aquí la clave: Asegúrese de trabajar eficazmente cada hora que se encuentre en su lugar de trabajo. Cuando lo haga, no desperdicie el tiempo. Llegue temprano a su lugar de trabajo y comience a trabajar inmediatamente. No permita que otras actividades lo distraigan, elimine toda actividad que le pueda estar robando su tiempo. No se distraiga en actividades poco productivas ni permita que otras personas lo desvíen de las metas y objetivos que se ha propuesto para el día. Tome la decisión de desarrollar la reputación de ser la persona más trabajadora y disciplinada de su compañía.

¿Qué tienen en común Adrián Hernández, Juan Pablo Montoya y Emerson Fitipaldi fuera de haber ganado millones de dólares en el vertiginoso deporte del automovilismo?

Todos ellos coincidirán en que ganar cualquier carrera requiere sobre todo una enorme disciplina y una concentración total en la meta y en cada detalle de la carrera y del automóvil. Imagínese detrás del volante de un automóvil que posee un motor de 720 caballos de fuerza, manejando a una velocidad promedio de 350 kilómetros por hora, durante dos horas. La temperatura en el asiento del conductor puede llegar a los 49 grados centígrados, lo que significa que en una sola carrera usted puede perder hasta diez libras de peso. Esto es lo que los corredores de autos hacen quince a veinte veces, entre los meses de marzo y octubre. Por supuesto que hay descansos, si usted considera una parada de diez segundos, un descanso.

¿Cuál es el secreto más importante para ganar una carrera? Según Emerson Fitipaldi, el más veterano de los tres, "el secreto está en desarrollar la disciplina que le permita concentrarse profundamente en su trabajo en todo momento; las distracciones no son admisibles; no puede cometer ningún error puesto que le puede costar la vida. La concentración es la clave. En la cabina del auto, su mente y su espíritu deben estar ciento por ciento conectados con el automóvil".

Ésta es la misma concentración, disciplina y trabajo duro que demanda el éxito en cualquier otra área de la vida, particularmente en el área financiera. ¿Cómo planificaría su futuro financiero si supiera que su vida depende de ello? Pues bien, sea consciente o no, la calidad de vida que alcance depende del grado de concentración y disciplina que desarrolle para realizar cada una de las actividades que influyen sobre su futuro financiero.

Aprenda cada detalle de su negocio

El mercado sólo da grandes recompensas a cambio de grandes resultados. Paga recompensas promedio por un desempeño promedio y recompensas más bajas, fracasos y frustraciones por desempeños mediocres. Su objetivo debe ser convertirse en un experto en su campo y aprender cada detalle sobre cómo hacerlo mejor.

Carlos Slim, cuya fortuna sobrepasa los diez mil millones de dólares, lo cual lo sitúa como el hombre más rico de América Latina y el número veinticinco en el mundo, de acuerdo a la revista "Forbes", es un estudioso de cada detalle de sus múltiples empresas.

De acuerdo a quienes le conocen, aún en esta era cibernética, Slim continúa haciendo cuentas en cuadernos que siempre lleva consigo, los cuales saca de repente cuando desea tomar nota de un nuevo detalle que le ha llamado la atención. Tal es su agilidad mental y su conocimiento de los diferentes factores que afectan sus negocios, que la mayoría de las operaciones y cálculos las realiza en su mente. Es capaz de calcular porcentajes de ingresos y volúmenes de venta sin usar calculadoras ni computadoras y de acuerdo al presidente ejecutivo del grupo Alfa, en el cual es inversionista, en cierta oportunidad sorprendió a todos cuando calculó mentalmente los niveles de ganancia anuales con un margen de error del 1%, antes de que la tesorería se los presentara.

Esta agilidad mental y dominio de los detalles y estrategias es algo que cosechó desde su niñez. Según cuentan sus hermanos, aprendió a leer y a escribir haciendo sumas mentales y apuntando ideas en

su cuaderno. Los domingos, días de la comida familiar, ponía una tiendita debajo de la escalera y vendía
dulces a sus primos y hermanos. Mientras ellos jugaban, él registraba las victorias comerciales propias y
las de la tienda familiar en libros de contabilidad de
pasta dura que aún mantiene.

Los Slim fueron inmigrantes libaneses que llegaron a México a principios del siglo XX. Su negocio,
«La Estrella de Oriente", en el centro de la Ciudad de
México, se dedicaba a vender baratijas, juguetería y
otra mercadería a bajos precios. Su padre, de quien
seguramente aprendió a tener en cuenta todo detalle,
sabía su oficio al derecho y al revés y tenía normas
muy claras: «vender mucho y a bajos precios», «contar con dinero en efectivo para aprovechar oportunidades» e «invertir a largo plazo".

A los 15 años ya tenía 44 acciones de Banamex
(Banco Nacional de México) y una inversión total
de 5 523 pesos. No pasaba un día sin que anotara
algún movimiento en su portafolio de inversión. En
1957, antes de ingresar a la Universidad Autónoma
de México, donde se recibió de ingeniero civil, las
ganancias de sus inversiones habían llegado a los
32 000 pesos.

Sin duda, para Carlos Slim el conocimiento deta-
llado de sus negocios ha sido, en gran parte, el responsable del meteórico éxito que ha alcanzado.

Sin embargo, Slim no es el único ejemplo de este importante hábito. Luis Carlos Sarmiento Angulo, el único empresario colombiano que ocupa un lugar en la lista de los quinientos hombres más ricos del mundo de la revista "Forbes", es otro ejemplo del empresario que se ha dado a la tarea de aprender cada detalle de su negocio.

Quienes lo conocen aseguran que no hay ley, política pública o decisión administrativa que no entienda a la perfección. Es capaz de hacer mentalmente complejas operaciones matemáticas y tiene una impresionante habilidad para realizar proyecciones a futuro. Además, nunca olvida una cifra que tenga que ver con sus negocios y se involucra hasta en el último detalle de su organización.

Sin embargo, es posible que sus humildes comienzos no hubiesen servido para evidenciar la genialidad para los números y los negocios de este hombre, quien construyó una de las fortunas más grandes de Colombia, habiendo empezado únicamente con su esfuerzo propio y su deseo de triunfar.

Luis Carlos comenzó su vida profesional como obrero, construyendo aceras en la ciudad de Bogotá. Después de graduarse como ingeniero civil, decidió dedicarse a construir viviendas económicas. Muy pronto llegaría a tener la mayor firma urbanizadora del país. Después decidió incursionar en el sector finan-

ciero para ofrecer a las personas una opción para
financiar las viviendas que él mismo construía. De
acuerdo a uno de sus socios, posee una extraordina-
ria habilidad para los negocios; «es capaz de oler un
negocio en una fracción de segundo antes que nadie,
y moverse con mayor rapidez corriendo riesgos calculados».

¿Qué puede hacer usted para desarrollar la misma agilidad exhibida por estos dos grandes empresarios latinoamericanos?

Conviértase en un estudiante del éxito. Lea todas
las revistas que hay en su área de trabajo. Lea y
estudie los libros más recientes. Participe en los cursos y seminarios ofrecidos por los expertos en su campo. Únase a una asociación en su industria, asista a
cada reunión y busque interactuar con otras personas que están más adelante que usted en su área de
trabajo.

El individuo que puede integrar y usar la mayor
cantidad de información en cualquier campo, pronto
sube a la cima de ese campo. Si usted se desempeña
en el campo de las ventas, conviértase en un estudiante agresivo del proceso de ventas. El 20% más
productivo de los vendedores gana, en promedio, dieciséis veces más de lo que gana el 80% menos productivo.

Si trabaja en el área administrativa, decida ser un administrador sobresaliente. Si está iniciando su propia empresa, estudie tácticas y estrategias que le permitan ser el mejor en su industria y aplique estas nuevas ideas cada día.

Debemos involucrarnos de lleno en todas las áreas que de una u otra manera determinarán nuestro éxito profesional y financiero. Busque convertirse en la mejor persona en su negocio o profesión. Esté siempre alerta; un pequeño detalle, idea o sugerencia puede ser el punto de cambio de su carrera. Nunca deje de buscar el mayor nivel de excelencia en su vida y establecer estándares de calidad cada vez más altos en todo aspecto de su vida personal y profesional.

NOVENO SECRETO:
Relaciónese con las personas correctas

> *Aquel que no sabe, y no sabe*
> *que no sabe es un idiota... Evítale.*
> *Aquel que no sabe, y sabe*
> *que no sabe es un ignorante... Enséñale.*
> *Aquel que sabe y no sabe*
> *que sabe está dormido... Despiértale.*
> *Aquel que sabe y sabe*
> *que sabe es sabio de verdad... Síguele.*
>
> —PROVERBIO ÁRABE

El 85% de su éxito en la vida estará determinado por la calidad de las relaciones que mantenga en sus actividades personales y de negocios. Entre más gente conozca, y más gente lo conozca a usted de una manera positiva, usted será más exitoso y avanzará más rápidamente.

Virtualmente, en cada punto decisivo de su vida, hay alguien que puede ayudarlo o detenerlo a alcanzar sus objetivos. La gente exitosa convierte en hábito construir y mantener una red de relaciones de alta calidad a través de sus vidas, y así logra mucho más que la persona promedio.

Todo en la vida son relaciones. Todos los problemas en su vida, serán el resultado de establecer relaciones equivocadas con la gente equivocada. De la misma manera, todos los grandes éxitos en la vida serán el resultado de haber entrado en contacto con personas con quienes pueda establecer relaciones positivas.

Por lo tanto, es importante que usted busque siempre relacionarse con gente positiva y exitosa. Muchas de estas personas son más accesibles de lo que usted se imagina. Existen asociaciones, sociedades, cursos y seminarios a los que usted puede asistir y relacionarse con personas que han llegado a la cumbre del éxito en sus respectivas industrias. Aprenda de ellos, siga sus pasos y pronto usted también será un triunfador.

Más del 90% de su éxito estará determinado por lo que llamamos "su grupo de referencia", el grupo de personas con las que usted está habitualmente identificado y asociado la mayoría del tiempo. Las personas son como los camaleones. Ellas imitan y adoptan las actitudes, comportamientos, valores, y creencias de la gente con la que se asocian la mayor parte del tiempo.

Si quiere ser una persona exitosa, asóciese con gente exitosa, optimista y feliz, que posea metas claras y que se esté moviendo hacia adelante en su vida. Al mismo tiempo, aléjese de las personas negativas, que sólo critican y se quejan por todo. Si usted quiere volar con las águilas debe buscar las alturas, no se puede poner a escarbar el suelo con las gallinas.

Los millonarios están continuamente desarrollando nuevas relaciones y lazos de amistad con nuevas personas. Ellos están altamente comprometidos con los asuntos de su industria y participan activamente en sus organizaciones y asociaciones. Van a cada reunión y se involucran en muchas de sus actividades, reparten sus tarjetas de presentación y le cuentan a la gente qué es lo que hacen.

La mejor manera de construir relaciones positivas es estar buscando constantemente nuevas formas para ayudar a las otras personas a lograr sus propias metas. Entre más entregue de usted mismo sin esperar nada a cambio, más recibirá de las fuentes más inesperadas.

Los millonarios conocen la importancia de rodearse de las personas correctas. Comprenden que es imposible tener una gran empresa con personas mediocres, por lo cual se dedican a construir equipos de trabajo fuera de serie. Ellos saben que el éxito de una empresa es simplemente el reflejo del éxito, grado de motivación y compromiso de las personas que la componen. Por eso buscan siempre ayudar a cada individuo en su equipo a encontrar el éxito en su propia vida.

Esta es la filosofía con la cual maneja sus concesionarias de automóviles Ernesto Ancira, un inmigrante mexicano que llegó a Texas en 1972 con pocos recursos pero con un sentido muy claro de lo que quería. Hoy, *Ancira Enterprises*, es una de las empresas hispanas de mayor crecimiento en Estados Unidos, con ventas anuales de más de 650 millones de dólares.

Cuando compró su primera concesionaria Chevrolet, Ernesto expuso muy claramente su filosofía a su equipo de trabajo: "El propósito de nuestro trabajo es desarrollar una mejor calidad de vida para nosotros y nuestras familias". Pero esto no es sólo una frase con la cual ha buscado motivar a sus empleados; es una política de la compañía que los cargos ejecutivos y ascensos a los altos mandos sólo se dan promoviendo a la gente que ya es parte de la empresa.

"El saber que existe la posibilidad de llegar a los cargos más altos en la empresa es un gran incentivo para cualquier persona. Lo más importante en nuestra organización es la comunicación. Aquellas personas capaces de vender sus ideas y motivar a sus equipos tienen un gran futuro en nuestra empresa".

Desde un comienzo, Ernesto supo la importancia de la comunicación honesta y persuasiva. Cuando la Chevrolet estaba buscando nuevos concesionarios en el área de San Antonio, Texas, él era el número 48 en una larga lista de aspirantes. Sin embargo, Ernesto decidió no esperar; reunió a los abogados de las demás partes y negoció un contrato de compraventa. Para reunir el dinero, vendió todo lo que tenía. "No vendí nada que no pudiese ser reemplazado después. Muchas veces el temor al fracaso no nos permite tomar los riesgos necesarios para lograr aquello que deseamos".

"Puesto que hemos decidido que los cargos ejecutivos y puestos de liderazgo solamente serán ocupados por personas dentro de la Organización, nos hemos comprometido con su crecimiento y desarrollo personal; así que si ellos no crecen, nuestra empresa no crece".

Esta filosofía no sólo le ha permitido amasar una fortuna personal superior a los ciento cincuenta millones de dólares, sino que le ha permitido impactar positivamente las vidas de las personas con quienes ha decidido rodearse.

Sea impecablemente honesto con usted mismo y con los demás

Posiblemente la cualidad más valorada y respetada que usted puede desarrollar es una reputación de absoluta integridad. Sea perfectamente honesto en todo lo que haga y en cada actividad y transacción que desarrolle. Nunca comprometa su integridad por nada. Recuerde que su palabra lo ata y es todo lo que tiene de valor a la hora de hacer negocios.

Todos los negocios exitosos están basados en la confianza. Su éxito para convertirse en millonario va a estar determinado exclusivamente por el número de personas que confían y que están dispuestas a trabajar para usted, a darle crédito, prestarle dinero, comprar sus productos y servicios, y ayudarlo durante los tiempos difíciles. Su carácter es el aspecto más importante que va a desarrollar durante su vida entera, y éste se basa en el nivel de integridad que exista en su vida.

La primera parte de la integridad es que usted debe ser fiel a sí mismo, en todo lo que piense y haga. Sea fiel a lo mejor que usted posea. Ser fiel a usted mismo significa hacer lo que usted hace de una manera excelente. La integridad se demuestra internamente con la honestidad personal, y externamente con trabajo de calidad.

Después, sea sincero con las otras personas que hacen parte de su vida. Viva en la verdad con todos. Nunca haga o diga nada que no crea que es correcto, bueno y honesto.

He aquí una pregunta que usted debe hacerse y responderse regularmente: ¿Cómo sería el mundo, si todos los que habitan el planeta actuaran igual a mi?

Esta pregunta lo lleva a ponerse usted mismo estándares altos e ir elevándolos continuamente. Viva como si cada palabra y acción suya se fueran a convertir en una ley universal. Actúe como si todos lo estuvieran observando y siguiendo su patrón de comportamiento. Cuando tenga dudas acerca de alguna decisión, siempre haga aquello que es correcto, sea lo que sea y cueste lo que cueste.

Goethe solía decir: "Pensar es fácil, actuar es un poco más difícil, pero actuar como pensamos es mucho más difícil". Podemos decir que somos íntegros cuando actuamos de acuerdo con lo que debemos ser, cuando nuestras palabras y nuestras acciones son congruentes.

Pocas personas exhibieron esta coherencia al punto que lo hizo Benjamin Franklin. Él solía decir que el secreto de su éxito y su felicidad lo debía a la filosofía que él mismo había formulado medio siglo atrás; una filosofía basada en el hábito de la autoevaluación, la cual se convirtió en un compromiso que perduró hasta el final de sus días.

Para lograr una mayor claridad acerca de los valores y virtudes que le ayudaran a vivir una vida equilibrada, plena y feliz, identificó las virtudes que debían proveer dirección a su vida, las definió en términos precisos, y comenzó a adquirir cada una de ellas, manteniendo notas acerca de su progreso.

Como resultado de ello, disfrutó de grandes éxitos al menos en cuatro campos distintos: los negocios, el periodismo, la ciencia y la política. Fundó el periódico *La Gaceta* de Filadelfia, y fue pilar en el establecimiento de la primera biblioteca pública. Su famoso experimento de la llave y la cometa para estudiar la naturaleza de la electricidad le ganó el aprecio de la comunidad científica. Su mayor legado político fue haber sido llamado a ayudar en la redacción de la Constitución de Estados Unidos. Todo esto como resultado de haber sido impecablemente honesto consigo mismo y con los demás.

Dwight Eisenhower dijo una vez: "Para ser un líder, una persona debe tener seguidores. Para tener seguidores, esta persona debe contar con su confianza. Por esta razón, la más importante de las cualidades de los líderes es una integridad incuestionable."

Las caídas de muchas personas, empresas, y hasta naciones han sido el resultado de la falta de integridad. La antigua China, por ejemplo, construyó la gran muralla para lograr seguridad contra las huestes bárbaras del norte. La muralla china era tan alta que se creía que nadie podría escalarla, tan gruesa que sería imposible penetrarla o derrumbarla. Así que ellos se regocijaron en la seguridad que ella les proporcionaba.

Sin embargo, durante los primeros cien años de existencia de la gran muralla China, el país fue invadido tres veces. Los invasores bárbaros nunca tuvieron que escalar o derribar la gran muralla. Cada una de esas tres invasiones fue lograda sobornando a quienes cuidaban sus puertas y entrando tranquilamente a través de ellas. Los chinos estaban tan ocupados construyendo sus altas murallas de piedra que olvidaron enseñarles integridad a sus soldados.

Como ven, la integridad juega un papel vital en el logro del éxito. Por lo tanto, nunca comprometa su integridad.

Décimo secreto:
Trabaje constantemente en maximizar su habilidad para producir

En el nuevo milenio sólo los paranoicos sobrevivirán. Sólo aquellos que no crean saberlo todo y que han hecho de su crecimiento personal y profesional una prioridad, lograrán salir adelante.

—Andy Grove

$\mathcal{E}$s indudable que para la inmensa mayoría, nuestra habilidad para crear abundancia y generar riqueza en nuestras vidas, está íntimamente relacionada con nuestra habilidad para producir ingresos. Y esta habilidad, es mucho más incierta en un mundo en que los paradigmas y tendencias económicas, laborales y empresariales cambian a la velocidad de la luz.

Nuestras decisiones en el ámbito profesional, laboral o empresarial afectan nuestra habilidad para crear abundancia. Igualmente nos enseñan a ver cómo podemos responder proactivamente ante un mundo no muy fácil de descifrar.

Parte de nuestra estrategia para lograr la libertad financiera debe ser estar constantemente buscando mejorar nuestra situación laboral y nuestros ingresos.

Es preciso entender que nuestras entradas, el salario que cada persona devenga, va en proporción directa a su contribución al mercado y que es éste el que determina cuál es el valor del trabajo de cada persona, desde el punto de vista económico. El mercado decide cuál es la retribución apropiada por sus servicios, experiencia y conocimientos profesionales. Es este mercado el que decide que ciertas personas, de acuerdo a su trabajo, ganen cinco dólares por hora mientras que otras ganan veinte millones de dólares al año. Y entre estos dos polos, se establece una escala de salarios de acuerdo a lo que el mercado considera relevante, en mayor demanda, o con mayor proyección para el futuro.

Seguramente todos nosotros nos encontramos en algún lugar de esta escala. Ahora bien, esto es muy importante de entender, porque nos permite tomar mejores decisiones. Si desea desempeñarse en el campo de la administración de empresas, por ejemplo, debe saber que hoy el mercado pone un mayor valor al área de los negocios internacionales o el comercio electrónico, al que le asigna al área de la contaduría. De igual manera, en cualquier industria es factible observar que el mercado tiende a favorecer ciertas especializaciones, de acuerdo con el tiempo, las tendencias globales o las necesidades del mercado mismo.

El hecho de que el mercado asigne un mayor valor a una hora de trabajo realizada por un cirujano al que asigna a una hora de trabajo realizada por un plomero no tiene que ver nada con el valor intrínseco de cada una de estas personas. Ellas pueden ser excelentes esposos o esposas, y maravillosos padres de familia. El valor que el mercado le ha asignado a su trabajo sólo depende de la demanda que haya en el mercado por dicho trabajo y de lo que las personas que requieran dichos servicios estén dispuestas a pagar.

Cada uno de nosotros tiene más control del que cree tener, respecto a dónde se encuentra en esa escala de salarios. Tanto la persona que gana cinco dólares la hora como la que gana quinientos dólares la hora se encuentra justo donde desea encontrarse. Consciente o inconscientemente, todos hemos puesto un precio a nuestro trabajo. Lo verdaderamente importante es entender que muy rara vez el mercado paga más por nuestros servicios que el valor que nosotros mismos le hemos asignado.

¿Cuánto vale su trabajo: doscientos, mil, diez mil dólares semanales? Así lo sepa o no, cada uno de nosotros lleva una etiqueta de precio invisible. La persona que gana doscientos dólares semanales se ve a sí misma valiendo esa cantidad y no se ve valiendo más de esa cifra. Esta persona puede querer ganar más, ella puede desear estar ganando más, pero su visión interna acerca de sí misma es la de una persona que sólo gana doscientos dólares semanales.

Lo mismo ocurre con la persona que gana diez mil dólares semanales. Ella ha determinado que esa es la cantidad que desea ganar y se ha preparado para ganar dicha cantidad. Se ha visualizado ganando esa cantidad, espera ganarse esa cantidad y, por lo tanto, su etiqueta invisible tiene este precio.

Si valoramos nuestro trabajo, si realmente estamos entrenados para realizar las labores a las que nos dedicamos, y lo hacemos con excelencia, recibiremos una justa recompensa económica por él.

Es común escuchar personas que se quejan por su salario. No es sorprendente que éstas sean las que se encuentran en el lado más bajo de la escala salarial. La persona que gana el sueldo mínimo argumentará constantemente que deberían incrementarlo, ya que es imposible subsistir con él.

Para ella lo justo sería que el gobierno pasara una ley doblando dicha cantidad. No obstante, lo que ella no parece entender es que ese salario que quisiera devengar ya se encuentra presente en la escala de salarios. No hay que inventarlo, ni hay que pasar una ley laboral para aprobarlo. No tenemos que esperar a que alguien apruebe un aumento en el salario mínimo para poder comenzar a ganar la cantidad que tengamos en mente.

De hecho mientras que esta persona que gana el salario mínimo exige un sueldo mayor, ya hay personas que se están ganando dicha cantidad. Lo único que esta persona debe hacer es tomar la decisión de que esa es la cantidad que desea estar devengando, descubrir qué debe hacer para comenzar a ganar dicha cantidad y hacerlo.

Es posible que algunos de ustedes estén pensando que si fuera así de fácil, la persona que se gana quinientos dólares semanales hace mucho tiempo estaría ganando mil o dos mil. ¿Pero sabe qué? ¡No es así! El problema es que muchas de las personas que devengan bajos salarios y profesan querer ganar más, quisieran obtener este incremento en sus ingresos sin tener que cambiar nada en el trabajo que realizan a cambio de dicho salario.

Ellos quieren ganar más, pero no están dispuestos a dar más, a aprender más, o a prepararse más. Entienda que en este momento usted está ganando el máximo con lo que ahora sabe. Si desea ganar más debe estar dispuesto a aprender más.

El siguiente ejercicio puede ayudarle a establecer la etiqueta correcta sobre cuánto vale una hora de su tiempo. Muchas personas tienen la firme creencia que la cantidad de dinero que puedan llegar a ganar durante determinado año, es uno de esos factores sobre los cuales ellos tienen poco o ningún control. Sin embargo, todos estamos en posibilidad de determinar cuanto deseamos ganar cada año.

No hay nada mágico o complejo en este cálculo. Es simple aritmética. Si desea ganar sesenta mil dólares este año y trabaja cuarenta horas semanales tendrá que generar entradas a un ritmo de treinta dólares por hora. ¿Ve lo simple? El solo hecho de saber cuánto vale una hora de su tiempo, basado en las metas financieras que desea alcanzar, le permite valorar mejor su tiempo, y le ayuda a tomar decisiones mucho más acertadas para saber cómo invertirlo.

Si ésta es una de sus metas, desde este preciso momento, mientras esté en su trabajo, rehúse hacer cualquier cosa por la que no le paguen treinta dólares la hora. En otras palabras, identifique en su trabajo o en su negocio, aquellas actividades que de verdad afectan su productividad y que son las que de ser ejecutadas debidamente podrán aumentar sus ingresos.

En 1895 el economista italiano Wilfredo Pareto separó las diferentes actividades de la persona promedio entre lo que él llamó las pocas cosas vitales *versus* las muchas cosas triviales. Pareto determinó que sólo un 20% de las actividades que una persona realiza, produce un 80% de los resultados, mientras que el otro 80% de sus actividades no produce más que un 20% de los resultados.

Así que cuando esté en su trabajo, pregúntese si la actividad que está realizando, o a punto de realizar, forma parte del 20% que producirá el 80% de su éxito. ¿Cuáles actividades forman parte de este 20%?

Todas aquellas que contribuyen a su desarrollo personal, que le acercan a la realización de sus metas, y que están directamente ligadas a la generación de ingresos.

Si se concentra en llevar a cabo durante su día de trabajo únicamente estas actividades que, por su importancia, usted ha determinado que pagan treinta dólares la hora; si lo hace ocho horas diarias, cinco días a la semana, durante cincuenta semanas al año, muy seguramente podrá devengar sesenta mil dólares al final de los próximos doce meses.

Entonces, su tarea en los próximos minutos es tomar una hoja de papel y determinar cuánto vale una hora de su tiempo, o mejor aún, cuánto quiere que valga una hora de su tiempo, de ahora en adelante, de acuerdo a sus metas financieras. Posteriormente, determine qué actividades en su trabajo o profesión le garantizarán dichas entradas para así poder concentrarse en ellas. Identifique también qué actividades realiza actualmente en su trabajo que no pagan dicha cantidad y que posiblemente le están robando de su tiempo y decida cómo va a eliminarlas de su rutina diaria.

Recuerde que usted puede controlar sus decisiones y las actividades que realiza durante su día de trabajo, y son éstas las que, a la postre, determinarán su situación financiera. El sólo hecho de saber cuánto vale una hora de su tiempo, le ayudará a tomar mejores decisiones acerca de cómo invertirlo. Después de todo, como profesional, lo único con lo que, verdaderamente cuenta para ofrecer, es su tiempo, así que utilícelo sabiamente.

Recuerde que aprender es una actividad que dura toda la vida

Usted tiene más habilidades e inteligencia de las que podría usar si se dedicara a trabajar desarrollándolas durante el resto de su vida. Usted es más inteligente de lo que se imagina. No hay ningún obstáculo que no pueda superar, ningún problema que no pueda resolver y ningún objetivo que no pueda lograr si aplica su mente en la solución de cualquier situación.

Pero su mente sólo crece y se desarrolla con el uso. De la misma manera que debe esforzar sus músculos físicos para fortalecerlos, debe trabajar con sus músculos mentales para poder aspirar a utilizar al máximo su potencial. La buena noticia es que mientras más aprende, más puede aprender. Es lo mismo que mientras más practica un deporte, mejor es en ese deporte. Mientras más se dedique a aprender a lo largo de su vida, más fácil y más rápido le será continuar aprendiendo.

Los líderes aprenden. El aprendizaje continuo es la clave del éxito profesional en el siglo XXI. Tome la decisión hoy de convertirse en un estudiante de su profesión y su éxito, y comprométase a continuar aprendiendo y ser mejor por el resto de su vida.

Como con la mayoría de los visionarios innovadores, Akio Morita, co-fundador de la Sony, fue un constante estudiante del éxito, una cualidad que había desarrollado desde niño. En su juventud fue un lector voraz. Las lecturas de Morita consistían en revistas y libros técnicos sobre electrónica y tecnología. Así nació, a esta temprana edad, el sueño del futuro Walkman, uno de los productos más exitosos de la compañía. A lo largo de toda su vida continuó aprendiendo cada vez más y este aprendizaje le permitió mantener un espíritu innovador y lograr distanciar a su empresa de su competencia.

Los productos innovadores e imaginativos de la Sony, resultado de esta decisión, lo hicieron multimillonario. Él explica que su éxito fue hacer lo que los otros no hacían. "Nosotros íbamos adelante y los demás nos seguían". Por ejemplo, desde la introducción del Walkman a finales de los años setenta, la compañía ha producido más de doscientos modelos distintos. Cada uno de ellos con nuevas características, beneficios y avances tecnológicos, producto del constante crecimiento.

Akio Morita y sus socios formaron la compañía en 1946, con un capital de quinientos dólares. Su primer producto fue una cazuela para cocinar arroz. Produjeron cien y no vendieron ni una. Su segundo producto fue la primera grabadora de cinta del Japón, que usaba cinta de papel. Una vez más tenían un producto decente, pero no se vendió. La compañía estuvo a punto de irse a la bancarrota. Según él, tenían la habilidad para diseñar y fabricar productos, pero no para venderlos. Así que, una vez más, Morita decidió darse a la tarea de aprender. Se hizo cargo del mercadeo y ventas mundiales de la empresa, pese a no tener experiencia en este campo, porque sabía que esto era lo que distinguía a las empresas de éxito de las demás empresas.

El nombre de Sony es desde entonces sinónimo de productos innovadores. La compañía ha sido pionera de conceptos nuevos en prácticamente todos los segmentos de mercado de la industria electrónica de consumo; todo como resultado de entender que aprender es una actividad que dura toda la vida.

A pesar de esto, la persona promedio crece creyendo que hay una época para aprender y otra para practicar lo aprendido. Sin embargo, Akio Morita y los demás millonarios han entendido que aprender es un proceso que nunca termina. Por esto ellos invierten parte de sus ingresos en su desarrollo personal y profesional, y en ser cada vez mejores en las cosas más importantes que hacen.

No hay ninguna inversión que le proporcione una mayor retribución por su dinero, que volver a invertir una parte de su tiempo y su dinero en su capacidad para generar aún más dinero. Los millonarios lo saben. Mientras tanto, las personas pobres continúan tratando de descifrar cuál podrá ser el secreto del éxito.

Invierta en buenos libros, audiolibros y seminarios de crecimiento personal y profesional. La persona que no está dispuesta a invertir en sí misma, está negociando el precio del éxito, y el precio del éxito no es negociable.

Hay varias estrategias que puede utilizar para tener un sistema de aprendizaje a lo largo de toda su vida. La primera clave es que lea algo de su campo entre treinta y sesenta minutos cada día. Leer es para la mente lo que el ejercicio es para el cuerpo. Cuando lee una hora diaria, esto se traduce en un libro por semana. Un libro por semana se traduce en cincuenta libros por año. Cincuenta libros por año equivalen a quinientos libros en diez años.

Dado que el adulto promedio lee menos de un libro por año, leer una hora diaria le dará una enorme ventaja sobre su competencia. Esto lo convertirá en una de las personas más competentes y mejor pagadas en su profesión.

Otra clave para desarrollar un programa de aprendizaje para toda la vida es escuchar audio libros, especialmente en su automóvil. La persona promedio está en su automóvil entre quinientas y mil horas por año. Esto equivale a uno o dos semestres de estudio en la universidad.

Así que convierta su automóvil en una máquina de aprendizaje, una universidad sobre ruedas. Nunca permita que su vehículo se mueva sin que esté sonando un audio libro que le ayude a desarrollar cualquier área de su vida. Recuerde que una de las razones por las cuales los millonarios han sido capaces de desarrollar sus fortunas ha sido su búsqueda continua para devorar nueva información.

Una tercera clave es tomar todos los cursos y seminarios que existan para ayudarlo a mejorar en su campo. Siempre encontrará a aquellas personas que se destacan por su conocimiento en todo tipo de eventos de capacitación y entrenamiento. Ellos saben que el conocimiento tiende a volverse obsoleto si continuamente no lo están actualizando. Así que tome hoy la decisión de aprender a lo largo de su vida. Se sorprenderá con el efecto que tiene en su vida profesional.

Epílogo

Nada en el mundo reemplaza la persistencia.
El talento no; pues nada es más
común que fracasados con gran talento.
El genio no; ya que la falta de reconocimiento
a la genialidad es casi proverbial.
La educación no; puesto que el mundo
está lleno de personas sobrecalificadas.
La persistencia y la determinación
parecen siempre prevalecer.

—CALVIN COOLIDGE

*E*l mensaje más importante de este libro es que el éxito es predecible. El éxito no es una cuestión de suerte, no es accidental y no llega como resultado de estar en el lugar apropiado en el momento correcto. El éxito es tan predecible como es el hecho de que el sol sale por el este y se oculta por el oeste. Al practicar los principios que usted acaba de aprender, habrá optado por ser parte de un grupo privilegiado de personas que ha decidido vivir la vida de manera diferente. Usted tendrá una ventaja increíble sobre la gente que no conoce o no practica estos principios y estrategias financieras.

Lo único que debe hacer es tomar la decisión de comenzar hoy mismo a construir su propia fortuna y salir tras dicha meta con entusiasmo. No olvide que de todas las cualidades de la persona de éxito una de las más importantes es la persistencia.

¿Qué tan importante es la persistencia? Queremos compartir con usted un par de historias muy apropiadas para terminar este libro.

Abraham Lincoln debió sobreponerse a numerosas caídas y descalabros políticos durante veintisiete años antes de llegar a la presidencia de Estados Unidos. Fueron más de diez elecciones perdidas antes de lograr su meta más ambiciosa. Piense en esto cuando esté considerando darse por vencido.

La segunda historia involucra a quien es considerado quizás el más exitoso director de cine de todos los tiempos, Steven Spielberg. Él contaba que desde niño soñó con ser director de cine y que su entrada en el mundo del cine se la debe a su persistencia. Sabía que necesitaba estar dentro del ambiente de los estudios cinematográficos si quería lograr la atención de algún productor o ejecutivo importante. Así que durante tres meses deambuló todos los días por los estudios cinematográficos, vestido de traje y corbata, siempre cargando un maletín ejecutivo. Saludaba al guardia de seguridad y él le devolvía el saludo, creyendo que Spielberg era uno de los tantos que trabajaban en el estudio. Así fue como Spielberg logró entrar a los estudios Universal.

Su paciencia y su persistencia finalmente dieron grandes resultados. En una ocasión, cuando contaba con sólo veinte años de edad, después que uno de los ejecutivos viera algunas de sus cintas, Spielberg firmó un contrato con los estudios Universal por siete años.

Si comienza a rodearse de aquellas cosas que desea alcanzar sin importar qué tan factibles puedan parecer y visualiza aquello que desea llegar a ser, el día vendrá en que aquello que anhela se convierta en realidad. Steven Spielberg es, sin duda alguna, un gran ejemplo de cómo la persistencia puede hacer la diferencia entre el éxito y el fracaso.

Quizás las palabras más sabias y elocuentes en cuanto a la importancia de esta gran virtud fueron expresadas por Winston Churchill, primer ministro de la Gran Bretaña, quien después del fin de la Segunda Guerra Mundial, fue invitado a dirigirse a los alumnos de Harrow, la escuela de su infancia. Luego de ser presentado ante los cientos de oyentes que ansiosamente esperaban uno más de sus inspiradores discursos, el Primer Ministro se levantó, tomó con una mano la solapa de su abrigo, colocó la otra mano en su espalda y pronunció uno de los discursos más breves y significativos que hayan sido pronunciados por estadista alguno.

Mirando a aquellos que serían los futuros líderes de Inglaterra, Winston Churchill dijo:

"Nunca, nunca se den por vencidos. Nunca se den por vencidos, en nada que sea grande o pequeño, sublime o trivial. Nunca se den por vencidos. Nunca, nunca, nunca".

Tras lo cual el gran estadista miró solemnemente a sus atónitos jóvenes oyentes y volvió a sentarse sin

decir más. Este gran discurso resume de manera es-
pectacular uno de los más importantes, si no el más
importante, secreto del éxito.

Si usted realiza consistentemente las mismas acciones y actividades que otra gente exitosa ha reali-
zado, no hay nada en el mundo que pueda detenerlo
de convertirse usted mismo en una persona de gran
éxito. Usted es el arquitecto de su propio destino.
Usted está detrás del timón de su propia vida. No
existen limitaciones para lo que usted puede hacer,
tener o ser, excepto aquellas que se ponga usted
mismo con sus propios pensamientos.

Tenga siempre presente que usted es un ser humano extraordinario. En su interior residen talentos, habilidades y un potencial ilimitado que le permitirá lograr cosas maravillosas con su vida.

Quizás su mayor responsabilidad es asegurarse de
soñar grandes sueños. Debe decidir exactamente qué
quiere y crear un plan para conseguirlo. Ponga en
práctica las estrategias contenidas en este libro, camine cada día en dirección a sus sueños y metas, y
decida que nunca, nunca, nunca se va a rendir. Cuando
usted actúe de esta manera su éxito será inevitable.

FIN

Índice

Otros libros de la editorial

LA VACA
por Dr. Camilo Cruz
ISBN: 1-931059-63-2
pág. 125

Seguramente disfrutarás tanto la maravillosa historia de "La Vaca", del reconocido autor Dr. Camilo Cruz, como la han disfrutado más de 350.000 personas que la han leído en 130 países y que ha generado alrededor de 12.000 testimonios en tan sólo tres meses de haber sido lanzada en el portal Elexito.com.
Esta obra simboliza toda excusa, hábito, pretexto o justificación, que nos impide vivir una vida de plenitud.

El prólogo de la versión impresa, está escrito por el famoso autor de la serie Sopa de Pollo para el Alma, Mark Victor Hansen, quien afirma que: **"...**el Dr. Camilo Cruz está destinado a ejercer una enorme diferencia en el mundo a través de sus obras**"**.

Ahora es tu turno de vivir una vida libre de vacas y unirte a las personas que decidieron actuar hoy y no mañana para vivir una vida plena y feliz. Recuerda que puedes ayudar a otras personas a vivir vidas más felices, gracias a esta hermosa obra. Compártela.

Mejor libro de autoayuda en español
- 2004 *Latino Book Award* (U.S.A.) -

Otros libros de la editorial

LAS 21 LEYES ABSOLUTAMENTE INQUEBRANTABLES DEL DINERO
por Brian Tracy
ISBN: 1-931059-34-9
pág. 186

Muchos factores influyen en nuestra habilidad para lograr la libertad financiera de la cual todos queremos disfrutar. Existen principios y creencias que rigen nuestra relación con el dinero y determinan el que podamos generar mayores ingresos y acumular riqueza.

En las 21 leyes absolutamente inquebrantables del dinero, Brian Tracy nos muestra cómo estas leyes han permitido a ciertas personas crear enormes fortunas habiendo empezado únicamente con sus deseos y su determinación de triunfar. Estas leyes del dinero le enseñarán cómo ganar más, ahorrar más, invertir mejor, salir de deudas y lograr que su dinero trabaje para usted. Cada una de las estrategias aquí presentadas ha sido responsable de la creación de enormes fortunas. Ahora usted podrá utilizarlas para alcanzar su propia libertad financiera.